------------------------------------- 시마을 문예지

시마을 동인협회　　　　　　　　　　　　Vol.2

**인사말**  시마을 동인협회 회장 장승규 _ 004
         시마을 대표 양현근 _ 006

**동인탐방**  장승규(대담 허영숙) _ 010

**초대시인**  이규리  월요일의 도시락 외 1편 _ 025
          문정영  씨글라스 외 1편 _ 030

**동인의 시**  장승규  담배 외 4편 _ 035
           이시향  꿈의 틀 외 4편 _ 041
           양우정  관절인형 외 2편 _ 047
           허영숙  아버지는 아나로그다 외 2편 _ 054
           서승원  친애하는 너구리씨 외 4편 _ 059
           최정신  속초 외 2편 _ 070
           김부회  칼의 파지법 외 2편 _ 076
           김용두  장수 외 2편 _ 083
           김재준  창밖에 목련 외 3편 _ 087
           이명윤  저녁이 온다 외 2편 _ 093
           배월선  그냥 눈물이 나 외 4편 _ 098
           임기정  자식 걱정 외 4편 _ 106
           박 용  밥 외 3편 _ 112
           성영희  은어들 외 4편 _ 121
           김진수  고디바 초콜릿 외 4편 _ 132
           신이림  몽당연필 외 2편 _ 143
           정두섭  등 외 3편 _ 147
           양현근  시간의 우물 외 1편 _ 151

**시 번역 및 감상** **김부회** 쾌락(한용운) _ 173
　　　　　　　　**장승규** 내 마음의 장미(윌리엄 예이츠) _ 176


　　**수필** **최정신** 태양을 향한 이륙 외 1편 _ 183
　　　　　**장승규** 꼰대편지 _ 190
　　　　　**양현근** 여름의 한쪽 _ 197
　　　　　**김진수** 이명 _ 201
　　　　　**정연희** 복병 _ 205


　　**평론** **김부회** 시는 발견이다 외 1편 _ 211


　　**소설** **허영숙** 꿈꾸는 정물 _ 227
　　　　　**장승규** 살아보니 _ 256
　　　　　**양현근** 아파트 _ 287

 2025 Vol. 02

**고 문** | 양현근 **회 장** | 장승규 **부회장** | 이명윤
**운영이사** | 이승민 허영숙 **감 사** | 최정신 **사무국장** | 박미숙
**동 인** | 양현근 장승규 박미숙 이승민 박 용 최정신 허영숙 임기정 조경희 이명윤
　　　　정두섭 김부회 이호걸 김용두 서승원 성영희 문정완 배월선 양우정 윤석호
　　　　정연희 김재준 신기옥

## 인사말

# 동인문예지『시선』2025년호 발행에 즈음하여

**장승규**(시마을 동인협회 회장)

    지난해 창간호를 내던 순간이 아직도 생생합니다.
    이제 우리는 그 두 번째 발걸음을 내딛으며,『시선』2025년호를 독자들 앞에 펼쳐 놓습니다.

    돌이켜보면, '시와 그리움이 있는 마을'에 씨앗을 심은 지 벌써 이십여 년, 그 씨앗은 동인지라는 작은 싹을 지나, 이제는 해마다 종합문학지로 자라나고 있습니다.
    창간호는 시작의 설렘이었고, 이번 2025년호는 그 설렘을 이어가는 첫 번째 결실입니다.

    우리 동인들의 발자취는 한국을 넘어, 미주와 아프리카, 세계 곳곳에서 뚜렷해지고 있습니다. 장르 또한 시와 시조, 동시에서 수필, 동화, 평론, 소설에 이르기까지 넓게 뻗어나가고 있습니다.

그 다양성과 깊이를 한 권의 문집에 모아내는 일은 쉽지 않지만, 그것이야말로 우리 동인의 책무이며, 문학으로 이어지는 길이라 믿습니다.

 이제 우리는 창간의 기쁨을 넘어, 지속과 성숙이라는 더 큰 과제를 마주합니다. 그동안 펜을 잠시 내려놓았던 분들도 다시 함께 모여, 이 길을 다져 나가길 소망합니다.
 해마다 이『시선』이 우리의 문학적 자취를 남기고, 또 후세의 이정표가 될 수 있도록 힘을 모읍시다.

 사랑하는 동인 여러분,
 자, 다시 길을 이어갑시다.

**인사말**

## 시마을 동인지 『시선』 2025호 발간을 축하하며

**양현근**(시마을 대표)

숲에서 강물로

나지막한 숨소리로 시작된 언어가 시간의 이랑을 따라 흘러와
오늘, 한 권의 숲으로 피어납니다.
별빛이 물결 위에 흩어지듯 우리의 시선들이 모여 하나의 합창이 되고,
이윽고 강물이 되어 길을 떠납니다.

『시선』 2025,
이 책은 기억과 바람의 결을 엮어 만든 지도,
따뜻한 마음들이 모여 낳은 또 하나의 풍경입니다.
여기 실린 글들은 잠든 돌 위에 맺힌 이슬 같고,
멀리서 건너온 바람 같으며, 내일의 첫 새벽을 여는 빛과도 같습니다.
그 언어들이 독자의 길 위에 내려앉아 쉼이 되고, 울림이 되고,

잠시 머물다 다시 흘러가는 별빛이 되기를 바랍니다.

그리고 마침내, 그 별빛이 세상의 큰 바닷속으로 흘러들어
또 다른 울림으로 울려 퍼지기를 소망합니다.

# 동인탐방

장승규

(대담 허영숙)

## 동인탐방

시인 장승규 탐방기

**인터뷰**(허영숙 시인)

**장승규**

필명: 장남제. 경남 사천 출생.
한국외국어대학 영어과 졸업.
2003년《문학세계》로 등단.
현재: 남아공 요하네스버그 거주. Supex Ltd 대표.
K장학재단(ww.kscholarship.com/kr/) 이사장.
시마을(www.feelpoem.com) 동인.
시집『당신이 그리운 날은』(2003),『민들레 유산』(2018),
『희망봉에서 그대에게』(2020) 등.

**질문 1:** 시마을 동인의 동인지 발간을 위해 애써 주시는 회장님께 감사드립니다. 요즘 어떻게 지내시는지 근황이 알고 싶습니다.

**답:** 요즘 저는, 은퇴자의 하루를 이어가고 있습니다. 몇 해 전부터 사업을 아들에게 맡기고, 아침이면 차 한 잔 앞에 두고 원고를 정리하고, 시마을을 산보하다가, 동인지『시선』2025년호 발행을 챙기기도 합니다. 한편으로는 K 장학재단의 일상을 계속합니다. 한국전 참전용사 직계 후손과 남아공에서 자라는 한인 아이들을 위해 장학생 선발과 멘토링을 돕고, 삼일절·현충일·광복절·한글날 4대 백일장을 통해 남아공 한인 문고《희망봉》발행의 길도 더 단단히 다지고 있습니다. 여기 아이들의 서툰 문장이 어느새 '첫 길'이 되는 순간을 곁에서 보는 기쁨이 큽니다. 개인적으로는, 그간 써 온 자전적 단편의 이야기들을《살아보니: 시몽 3부작》으로 묶는 작업을 하고 있습니다.

**질문 2:** 인간 장승규에 대해 질문하겠습니다. 사업가로서 성공을 거두기까지 시인님의 삶의 철학과 가치관에 대해 말씀해 주세요.

**답:** 해야 할 것(5가지)과 하지 말아야 할 그것(1가지)을 정해놓고 산 것 같습니다. 첫째, 〈약속〉만큼은 소홀히 하지 않으려 했습니다. 약속을 지키는 것이 곧 신뢰를 세우는 길이었고, 신뢰는 결국 삶 전체를 지탱해주는 힘이었습니다. 그래서, 함부로 약속을 하지 않습니다. 둘째, 〈인생 계획표〉를 스스로 만들었습니다. 이것은 처음엔 엉성했지만, 해마다 고쳐 쓰면서 삶을 길게 바라보는 훈련이 되었지요. 그 덕에 기회도 위기도 미리 볼 수 있었습니다. 셋째, 늘 일의 〈우선순위〉를 세웠습니다. 목표 달성을 위해 '무엇이 더 중요한가?'를 묻고, 그에 따라 정한 우선순위가 행동의 기준이 되었습니다. 넷째, 〈뜻 세우기〉를 할 때는 되도록 멀리 그리고 넓게 바라보되, 불필요한 마찰은 피하려 했습니다. 다섯째, 자립을 통해 〈주인이 되는 삶〉을 지향했습니다. 끝으로, 〈주색도마〉 절제의 원칙을 더했습니다. 이런 삶의 함정에 빠지지 않으려 애쓴 덕분에, 오늘까지 버텨올 수 있었다고 생각합니다.

**질문 3:** 남아공에서의 생활은 어떠한지 궁금합니다. 쉽게 가볼 수 없는 나라라서 그런지 그곳의 문화, 한국인에 대한 인식, 그리고 생활 등이 궁금합니다.

**답:** 남아공에 온 지 벌써 37년이 흘렀군요. 그리고 보니, 한국에서

산 세월이나 남아공에서 산 세월이 같아졌네요. 처음엔 멀고 낯선 땅이었지만, 이제는 제 두 번째 고향처럼 느껴집니다. 이곳의 생활은 무엇보다 광활한 내지와 다양한 인종·문화가 어우러진 풍경 속에서 이루어집니다. 문화적으로는 '무지개의 나라'라는 별명처럼, 흑인·백인·아시아인, 여러 민족이 섞여 살아갑니다. 언어만 해도 11개 공용어가 있습니다. 한국인에 대한 인식은 대체로 긍정적입니다. 한국전쟁에 참전했던 기억이 아직 남아 있어, 연로한 세대는 한국을 특별히 따뜻하게 바라봅니다. 또 현대에 들어 한국의 기술과 문화(K-팝, 드라마, IT 제품 등)가 알려지면서 젊은 세대도 한국을 가깝게 느낍니다. 가끔은 "삼성, 현대, BTS"라는 말로 먼저 반가움을 표현하곤 합니다. 생활은 넉넉하지도, 또 항상 편하지도 않습니다. 전기와 물 공급이 불안정할 때도 있고, 치안 문제도 있습니다.

**질문 4:** 남아공에서 K 장학사업 등 좋은 일을 많이 하시는데 설립 취지 및 활동에 대해 말씀해 주세요.

**답:** 제가 남아공에서 K 장학재단을 세운 것은 감사의 마음을 이어가고자 한 뜻이었습니다. 젊은 시절, 저 역시 여러 사람들의 도움과 장학금으로 공부를 이어갈 수 있었습니다. 남아공은 한국전 참전용사들의 피와 젊음을 품은 땅입니다. 그러나 세월이 흐르면서 그분들은 하나둘 우리 곁을 떠나셨습니다. 저는 직접 그분들께 보답할 길은 없지만, 그 직계 후손들에게라도 감사의 뜻을 전해야 한다고 생각했습니다. 또 남아공에서 자

라는 한인 2세, 3세 아이들이 정체성을 잃지 않고 한국인으로서의 뿌리를 지켜나갈 수 있도록 돕고자 했습니다. 그래서 설립 취지는 두 가지로 정리할 수 있습니다. 첫째, 참전용사 후손 및 남아공 한인 청소년을 위한 장학사업. 둘째, 남아공 한인을 위한 문화사업. 이 활동은 단순히 장학금 지급에 그치지 않습니다. 해마다 삼일절, 현충일, 광복절, 한글날 백일장을 열어, 아이들이 글을 쓰며 역사를 배우고, 한인들의 정체성을 지켜가도록 돕고 있습니다. 또 이를 통해 한인 문집《희망봉》을 발간해, 한인 사회의 활동을 기록으로 남기고, 세대를 이어갈 길을 다지고 있습니다.

**질문 5:** 시인 장승규에 대해 말씀해 주세요. 시는 언제부터 쓰기 시작하셨고, 계기가 무엇이며, 시적 영감은 주로 언제 오는지, 주로 언제 시를 쓰는지 궁금합니다.

**답:** 1995년 남아공에서 사업을 시작하느라, 가족을 모두 한국에 보내고, 혼자 남았었지요. 그때 그 외로움이, 그 그리움이 시를 쓰기 시작한 본격적인 계기인 것 같습니다. 시적 영감은 살아가면서, 나의 처지와 비슷한 것들, 즉 사물이나 현상을 만나는 순간입니다. 이 느낌들을 메모지에 재빨리 옮겨두었다가, 새벽 조용한 시간에 잠에서 깨어 쓰곤 합니다.

**질문 6:** 일상생활에서 오는 잔잔한 감동이 있는 시를 많이 쓰시고 계시는데요, 시인님이 추구하는 시의 방향은 무엇인가요?

**답:** 저는 일상 속에서 길어 올린 진솔한 울림을 추구합니다. 잔잔하지만 오래 남는 파문 같은 시입니다. 읽는 순간에는 소박해 보여도, 시간이 지나면서 마음속에서 다시 울리고, 결국은 우리의 삶과 겹치는 시 말입니다. 그런 시를 통해 누군가의 하루가 조금은 덜 외롭기를 바랍니다.

**질문 7:** 『당신이 그리운 날은』, 『민들레 유산』, 『희망봉에서 그대에게』 등 시집을 내셨는데요. 이 시집 중 좀 더 의미가 있는 시집을 찾으신다면 어떤 시집이며 그 이유는 무엇인가요?

**답:** 제게는 세 시집이 모두 각기 다른 자리에서 태어난 아이 같습니다. 『당신이 그리운 날은』은 제 첫 시집으로, 외로움과 그리움 속에서 시를 통해 스스로를 다독이던 흔적이 담겨 있습니다. 『민들레 유산』은 제 삶의 한가운데서 피고 지던 사람들의 이야기, 그리고 묵묵히 버텨온 시간들을 민들레 씨앗처럼 흩날려 기록한 시집입니다. 『희망봉에서 그대에게』는 남아공에서의 생활과 K 장학재단의 길, 그리고 한국과 아프리카를 잇는 마음을 담은, 제 두 번째 고향에서 써 내려간 기록입니다. 굳이 하나를 꼽으라면 『희망봉에서 그대에게』를 들고 싶습니다. 이 책은 단순히 제 개인의 시집이 아니라, 한국과 남아공을 이어주는 다리 같은 시집이기 때문입니다. 저의 그리움과 고백뿐 아니라, 참전용사들의 기억과 아이들의 미래까지 함께 담겨 있기에, 제게는 각별한 의미가 있습니다.

**질문 8:** 작품으로 들어가 보겠습니다.

> 울 만큼 울었을까, 강은
> 이제 저 언덕 하나 넘어 파도 소리를 듣는다
> 소금기가 밴
> 산국 핀 돌 틈에선
> 오르막인가 하면 긴 내리막에
> 때로는 벼랑 끝 절망으로 울부짖기도 했다
> 들국 핀 벌판에선
> 몇 번인가 다시 되돌아 구불구불 젖고 또 젖었는데
> 어느덧, 하국 옆 갈대숲에 이르니
> 오르막도 내리막도 없는 것이 늘그막이다
> 돌아갈 수 없을 때야 알게 되었다
> 구불구불하다 불평하던 그 길이
> 눈부신 청춘이었단 걸
> 울어도 함께 하던 그 세월이
> 그리던 행복이란 걸, 강은
>
> -「강물」 전문

위의 시에서 보면 지나온 생에 관한 성찰이 돋보이는데요. 시인의 청춘은 무엇이었고, 현재의 나이에서 돌아봤을 때 아쉬운 시기가 있었다면 언제일까요?

**답:** 제 청춘은 늘 길 위에서의 몸부림이었습니다. 공부를 이어가

기 위해 밤늦도록 아르바이트하던 시간, 회사에 들어가 밑바닥 실무를 익히며 버티던 시간, 그리고 남아공이라는 머나먼 땅에 홀로 남아 외로움과 싸우던 시간이 모두 제 청춘이었습니다. 그 길 위에는 늘 눈물도, 다시 일어서는 다짐도 함께 있었습니다. 돌아보면, 가장 아쉬운 시기는 가족과 떨어져 지내야 했던 시간입니다. 사업을 시작하면서 생계를 지켜야 한다는 이유로, 아내와 아이들을 한국으로 돌려보내고 혼자 남아야 했던 시절이 있었습니다. 그때의 외로움이 시를 쓰는 계기가 되기도 했지만, 한편으로는 함께하지 못한 시간으로 남아 지금도 가슴을 저릿하게 만듭니다. 그러나 이제 돌이켜보니, 그 아픔과 고독조차 제 삶의 강줄기를 만든 물줄기였음을 압니다. 「강물」에서 쓴 것처럼, 구불구불하다고 불평하던 길이 사실은 눈부신 청춘이었고, 불평을 하면서도 곁에 있던 사람들이 결국 행복의 다른 이름이었다는 것을 뒤늦게 깨닫습니다. 그래서 제 청춘은 완전하지 않았지만, 그 불완전함 속에서 오히려 시가 태어났고, 지금의 저를 있게 했습니다.

**질문 9:** 첫 시집 『당신이 그리운 날은』의 부분이며, 첫 시집의 제목이기도 합니다. 그리움이란 단어에 주목하게 되는데요. 시인의 그리움이란 어떤 모습을 하고 있을까요?

밤새
쓰다가 구겨버린 편지는
하나둘

주인 없는 별이 되어

캄캄한 마루에 하얗게 흩어지고

밤하늘에 별만큼 쓰고도

끝내

마저 쓰지 못한 사연은

뜬금없이 찾아오는 통증이 되고 맙니다

-「당신이 그리운 날은」 부분

**답:** 첫 시집 『당신이 그리운 날은』을 묶을 때, 제 삶에는 이미 많은 부재와 이별이 있었습니다. 떠난 고향에 대한 그리움, 여읜 부모님에 대한 그리움, 떨어져 살아야 하는 가족에 대한 그리움, 그런 것들이 모여 제 시 속에서 통증이 됩니다. 제 그리움은 어떤 한 사람이나 사건에만 머무르지 않습니다. 그것은 부재의 그림자입니다. 이미 지나가버렸기에 붙잡을 수 없지만, 여전히 제 가슴속에서 자꾸만 불러내는 것. 그래서 제 시 속 그리움은 늘 현재형입니다. 돌아보면, 그리움이 있었기에 제가 시를 쓸 수 있었던 것 같습니다. 그리움은 고통이기도 하지만, 동시에 저를 지탱해 준 힘이었고, 언어로 바뀌어 독자와 이어지는 다리가 되었습니다.

**질문 10:** 한 작품 더 보겠습니다. 이 작품은 짧지만, 삶과 죽음의 경계에 관하여 긴 여운을 주는 시인데요. 이 시를 쓰게 된 동기가 궁금합니다.

참

덧없이 내린다

사람은 하늘로 가는데

저는 땅으로 내려오는구나

한둘이 아니고

그 좁다는 문을 비집고 저리 몰려오는걸

여기가

천국인가 보다

- 「눈 오는 밤」 전문

**답:** 이 시는 어느 밤, 눈이 내리는 풍경을 보며, 사람들은 천국이 좋다고 하여, 그곳으로 가기 위해 좁은 문을 힘겹게 통과한다고 하지요. 그런데 눈송이들은 되레 천국이라 불리는 하늘에서 우리가 사는 땅으로 내려오고 있었습니다. 저 눈송이들 또한 좁은 문을 통과해서 왔을 텐데, 어떻게 저리도 많이, 끝없이 몰려오는 것일까. 그 모습을 바라보며 저는 문득 생각했습니다. 우리가 믿는 천국이 정말 저 위에 있는 것일까, 혹시 이 땅 위가 천국이 아닐까. 「눈 오는 밤」은 바로 그런 사유에서 태어난 시입니다. 삶과 죽음, 위로 향하는 길과 아래로 내려오는 길이 교차하는 순간, 천국의 자리와 의미에 대해 잠시 혼란스럽게 흔들렸던 제 마음을 담은 기록입니다.

**질문 11:** 〈할아버지가 현에게〉란 짧은 글로 다음 세대들에게 전하는 글을 쓰시고 계시는데, 이 글은 어떤 계기로 쓰게 되었는지요?

**답:** 「할아버지가 현에게」는 2024년 4월 7일, 부산에서 형님의 장례식이 계기가 되었습니다. 해외에 오래 살아 가족의 대소사에 함께하지 못했는데, 그날 장성한 후 처음으로 형님의 장손 '현'을 만났습니다. 이 자리에서 마주한 소년은 열아홉이었고, 몸무게가 160.90kg에 이른다고 했습니다. 그 순간, 저는 작은 할아버지로서 이 아이에게 무언가를 해야겠다는 마음이 강하게 일었습니다. 단순한 안쓰러움이 아니라, 제 삶에서 자연스럽게 흘러나온 다음 세대에게 꼭 전하고 싶은 당부가 솟아난 것이지요. 그날 이후 저는 총 여섯 편의 편지를 그 아이에게 썼습니다. 〈꼰대편지〉이지요. 다섯 편은 "해야 할 일"에 관한 것이었고, 한 편은 "하지 말아야 할 일(Four Nos)"에 관한 것이었습니다. 그것은 억지로 지어낸 교훈이 아니라, 제가 살아오며 몸으로 부딪치며 얻은 것들이었습니다. 유산 같은 글이지요. 그 아이가 2025년 9월 7일 현재 97.78kg까지 줄이더군요.

**질문 12:** 현재 시마을동인 회장을 맡고 있는데요, 시마을동인의 발전 방향과 동인들에게 하고 싶은 말이 있으면 해주시기 바랍니다.

**답:** 시마을 동인은 20여 년 넘는 시간을 함께 걸어온, 말 그대로 '시와 그리움이 있는 마을'입니다. 동인지 『시선』을 창간하고 이제 두 번째 해를 맞이하면서, 저는 이 모임이 단순히 작품을 묶는 자리가 아니라, 서로의 삶을 격려하고 기록하는 공동체의 등불이라고 생각합니다. 앞으로의 발전 방향은 크지 않아도 됩니다. 거창한 목표보다 중요한 것은, 꾸준히 이어가는 것입

니다. 한 해 한 해 동인들의 시와 수필, 소설, 평론이 차곡차곡 쌓이다 보면, 그것이 곧 우리 모두의 문학사요, 작은 시대사의 기록이 될 것입니다. 동인 여러분께 꼭 드리고 싶은 말은 이것 입니다. "잠시 펜을 놓았던 분도, 다시 펜을 드십시오. 우리 삶의 기쁨과 아픔, 그 모든 순간은 글로 남겨야 비로소 길이 됩니다." 회장으로서 그 길을 다져가는 데 제힘을 기꺼이 보태겠습니다.

**질문 13:** 다음은 동인 탐방 공통 질문 첫 번째입니다. 다음 생이 있다면 시인이 되고 싶으신가요. 아니면 다른 무엇으로 살아보겠다는 생각을 하신 적 있으신가요?

**답:** 시를 쓴다는 건 거창한 일이 아니었습니다. 일기를 쓰듯이 하루의 삶을 돌아보고, 버티고 견디게 하는 일이었어요. 사업가로 살아온 시간도, 장학재단을 일구어 온 시간도, 결국은 모두 시의 바탕 위에서 이어진 길이었습니다.

**질문14:** 두 번째 질문입니다. 인간의 평균 수명이 90이라 한다면, 90이 되기 전 꼭 하고 싶은 일 세 가지만 말씀해 주세요. 인생 버킷리스트도 좋고 앞으로의 계획도 좋습니다.

**답:** 얼마 남지 않았군요. 첫째, 시집과 산문집을 정리해 세상에 남기는 일입니다. 그것이 누군가에게 작은 위로가 되기를 바랍니다. 둘째, K 장학재단을 더 튼튼히 세우는 일입니다. 제가 도

움을 받아 살아왔듯, 다음 세대에게도 길을 열어주어야 한다는 마음은 제 삶의 큰 빚입니다. 제 손이 다 미치지 못해도, 재단이 꾸준히 아이들의 등을 떠밀어 주는 버팀목으로 남아 있기를 바랍니다. 셋째, 가족과 더 많은 시간을 나누는 일입니다. 살아오면서 늘 일이 먼저였고, 떨어져 지낸 시간도 많았습니다. 이제는 저를 지켜준 가족들과 더 많은 시간을 나누고 싶습니다. 감사합니다.

# 초대시인

이규리

문정영

초대시인 · **이규리**

**이규리**

경북 문경 출생. 1994년 『현대시학』을 통해 등단했다. 시집 『앤디 워홀의 생각』 『당신은 첫눈입니까』 『우리는 왜 그토록 많은 연인이 필요했을까』 등과 산문집 『시의 인기척』 『사랑의 다른 이름』 등 여러 권이 있다. 질마재문학상, 대구시인협회상, 시산맥작품상 등을 수상했다.

## 월요일의 도시락

방울토마토가 쏟아졌다
아침이 계단으로 사정없이 굴러가는데
달아나는 토마토를
멈추어야 하는데

더욱더 멀리 아득하게

내려가고만 있네
고 작고 말랑한 것이 손쓸 수 없도록

더 내려갈 수 없을 때

올라갈 수 없는 위가 생겼는데

당신들이 대체로 뻔하고 진부해질 때
방울토마토가 하염없이 굴러가는 일을 한번 생각할래?

계단은 끝없이 쏟아지고
저렇게 경쾌한 노래는 원래 남의 것 같지 않은가

토마토가 계단을 만들던 일

절망이 명랑하게 굴러가는 일

내 생의 문장이 이토록 힘을 받아 굴러간 적 있을까

왜 나는 여기 있지?
주워도 끝나지 않는 일이 왜 나의 일이지?
고민하는 동안
방울토마토는 두려움을 모르고 구르고 있네
털썩 계단에 주저앉을 때
방울과 방울들이 목금소리를 들려주네

방울토마토 따라
굴러가는 월요일 말랑말랑해지는 월요일
토마토는 힘이 없는데 힘이 있지

속도가 근심을 다 지워버려서

도시락이 사라지면 어때 월요일을 모르면 또 어때
깨어난다면 그것이 꿈인 날들 속에서

여전히 계단은 굴러가고 있는데

## 명랑

취한 사람들은 한쪽으로 이야기를 한다

그 저녁에 취기들이 모여 모처럼 명랑했다

조금 후에 제가 저를 부인해도
그 명랑을 사고 싶어
시대는 자유한가 우울은 가고 있는가

일행이 조금씩 더 기울어지고 있을 때

자신을 남쪽에 산다고 소개한 사람이 일어나
내 슬픔을 사겠다고 했다

내 것이랄 수도 아니랄 수도 없는 이 헛헛한 소유를,
그러자 다음 사람은 내 유언을 받겠다고 했다

불빛이 조금 더 취하였다
더운 공기 웃음소리 있음과 없음 너머

그 전부를 받겠다는 건 다 잃어도 좋다는 고백일 텐데

〈
나도 모르게
나의 것엔 불운이 깃들어 있다고 말했어 그리고
이렇게 덧붙였지

내일 아침에도 같은 말을 할 수 있다면
사람아, 내가 그 명랑을 살게

안개 자욱한
밤이, 현실의 밤이 있었다

## 초대시인 · **문정영**

**문정영**

1997년 『월간문학』 등단.
시집 『꽃들의 이별법』 『두 번째 농담』 『술의 둠스데이』 등. 계간 『시산맥』 계간 『웹진시산맥』 발행인.
동주문학상, 기후환경문학상 대표.

## 씨글라스

미국 북동부, 멕시코, 하와이, 푸에르토리코, 이탈리아, 호주 해변, 잉글랜드 북동부에서

알록달록하거나 투명해진 붉은 단추로 서로를 잠글 때까지

당신은 뾰족하고 거친 조각이었어요 막 피어난 울음이었어요 순하지 않은 달팽이관이었어요

그 순간 우린 자전自轉의 간절함을 몰랐지요

시드니 본다이 비치의 바위에 부서지는 물소리에 몸 부딪치면서 으깨어진 귀를 주먹칼로 조금씩 잘랐을 뿐인데

소리가 먼저 사라지고 윗입술이 뭉개지자 미간이 검붉어졌어요

어느 날, 당신의 손길에서 내가 살아나는 것을 느꼈어요 한 번이 아니라 여러 번 스쳐야 보석이 된다는 것도
주인 없는 모텔의 욕실에서 떨어지는 숨소리처럼
옥상까지 올라가는 신음처럼
〈

비밀을 삼킨 유리병이 조각났어요

옆모습 하나 다른데 우린 참 모르는 세상을 살았네요

나는 씨글라스 이전의 유리병, 당신은 깨지기 전의 나의 비밀

## 옐로스톤 해빙기

　눈물은 흐르는 것이 아니라 고이는 것이라 썼다 지운다, '사랑의 다른 이름' 뒤표지에 붙여 놓은 수면 테이프 같은

　얼음이 녹는 시기는 얼음에 중요하지 않다고 썼다 지운다, 입술 가에 붙어 있던 잠이 깨었다가 다시 잠드는 것처럼

　뜨겁던 몸이 더 뜨거워지면 목에 울음이 잠긴다고 썼다 지운다, 입술이 긴장한 입술을 꽉 붙잡고 있듯

　불안하면 서로를 껴안는 어린 사랑을 안다, 한쪽이 놓아버리기 전에 한쪽이 녹아내리는

　저 빙산에는 얼음 이전의 풍경들, 은하 모양의 먼지들, 천억 광년의 햇살들 그리고 사랑을 옭아매는 얼음이 무릎 붙이고 있다

　애인의 눈을 바라보지 못하는 순간 애인은 녹기 시작하지, 그래서 빙하에는 이별이 들어 있지, 고독이라는 숨소리가 들어 있지, 너와 내가 산 채로 묻혀 있지

## 동인의 시

장승규 이시향 양우정

허영숙 서승원 최정신

김부회 김용두 김재준

이명윤 배월선 임기정

박 용 성영희 김진수

신이림 정두섭 양현근

## 장승규 시인

필명: 장남제.
경남 사천 출생.
한국외국어대학 영어과 졸업.
2003년《문학세계》로 등단.
현재: 남아공 요하네스버그 거주.
Supex Ltd 대표.
K장학재단(ww.kscholarship.com/kr/) 이사장.
시마을(www.feelpoem.com) 동인.
시집『당신이 그리운 날은』(2003),『민들레 유산』(2018),
『희망봉에서 그대에게』(2020) 등.

supexsam@hanmail.net / kscholar@supexgroup.com

# 담배

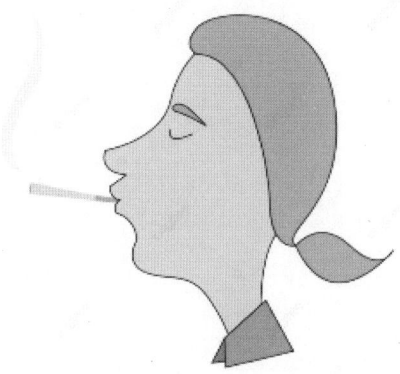

널
끊을 수 있을 거야

가만히 생각해봐

아니야
우린 사랑이 아니었어

(요하네스버그 서재에서 2024.08.02)

## 호숫가에서

늙은 수양버들이
뿌리 몇은 이미 물에 잠겼는데도
제 그림자를 자꾸만 물에 담가
호수는
가장자리가 촉촉한 것이다

물결이 조심스레 밀어내는데도
그림자는
차라리 그 위에서 산산이 부서지고 만다

잔가지 하나라도 물에 닿을까
호수는
연신 몸을 낮추고 있었던 것인데

아무것도 모르면서
수양버들은
오늘도 자꾸만 더 몸을 굽혀
호수는
나날이 말라가는 것인데

(CCJ 호숫가에서 2025.07.04)

## 배다리

진양성 돌담 아래
장맛비는 연일 오는데

강물이 불어나면 배마다 들뜨고
줄지어 들뜨면
배다리는 으쓱으쓱하고 있겠네

강 건너
천전 댓잎에 듣는 빗방울처럼 서둘러
님은 아니 오시고

남강물 불어 아주 불어
배다리는 이제
아득히 옛날로 이름마저 떠내려 가고 없는데

오늘도
진양성 공터엔 연일 비는 오고

나만 자꾸 들뜨고

(요하네스버그 서재에서 2024.07.16)

## 아라비카

이 새벽
혼자 마시는 아라비카 첫 모금
오래 봉인된 에티오피아 예가체프 맛이 난다

차마 내뱉지 못하고
혀끝에 돌돌 말다 삼켜버린
첫 고백 같은

세월에 볶고 볶다 태워버린
애간장 같은

그때 삼킨 말
지금도 꺼내지 못하고 헤적이고 있는데
덜 털린 새벽잠을 터는
이 향기

굳이
잊지 말라는 당부이겠지요

(잠실에서 2023. 04. 03)

## 공든 탑

무심코 바라보니
그동안 쌓은 탑이 무척 높아 보인다

아랫단엔 이끼까지 낀
이 나이에
또 하나 조심스레 올려놓는다

그 공이 예사롭지 않고
그 두려움 또한 예사롭지 않다

위로 갈수록
작고 가벼운 것을 찾아 얹어야 할 텐데
이젠 주위에 크고 무거운 나이만 널렸다

그래도 그중에
제일 작고 가벼워 보이는 새해를 올려놓는다

공들이는
탑 하나

(요하네스버그에서 2024.12.31)

# 이시향 시인

제주에서 출생, 2003년 계간 《시세계》를 통해 시인으로 데뷔. 2006년 《아동문학평론지》 동시로 당선, 시인, 아동문학인, 사진작가로 활동 중. 시집 『사랑은 혼자여도 외롭지 않습니다』, 『그를 닮은 그가 부르는 사모곡』, 『마주보기』 등을 출간.

## 꿈의 틀


알에서 깨어나서 초록 몸을 둥글게 말고
처음으로 올려다본 푸른 하늘
그때부터 엄마는 하늘
아니, 허공이었는지도 모른다

허기가 밀려올 때마다
하늘로 날아오를 날개 꿈꾸며
사각사각 삼키고
또 삼키는 일을 게을리하지 않았다

하지만 여전히 꿈틀꿈틀
시간이 흘러도
변태(變態)의 기회는 오지 않고
꿈의 틀 안에 갇힌 몸은
여전히 꿈틀거린다

누군가 말한다
"너는 원래 그런 존재야"
내 나이 벌써 육십
날개가 돋아나지 않아도
나만의 춤을 춰보겠다고 꿈틀꿈틀

## 그날의 머리핀

노란 사랑초꽃을
보고 있을 때
비슬푸른부전나비 한 마리
팔랑이며 머리 위로
내려앉았다

좋아하는 친구 앞에서
아무 말도 못 할 때처럼
가만히 앉아
숨도 쉬기 어려웠다

누군가를 좋아하는 일은
사랑초꽃이 노랗게 흔들릴 때
나비가 나에게 날아와
앉는 일처럼
조심스럽고 신비롭다

아무도 눈치채지 못했지만
나도 몰랐던 내 마음이
그날, 팔랑이며 날아가
머리핀처럼
그 애에게 꽂혀버린 거다

# 싱크홀 공화국

꽃이 떨어졌다
뉴스는 잠시 붉게 피었다가
다시, 아무 일 없었다던 길
구멍으로
또 전해지는 낙화 소식

## 별똥별 꽃

어젯밤 하늘에서
별똥별이 톡톡 떨어져
곳곳에
노랗게 내려앉았다.

할머니가
"애기똥풀꽃" 이름 부르자
깜짝 놀라며
나는 똥 안 싸는
별이라며 손사래 친다.

## 신기한 거울

비 온 뒤에 생긴
물웅덩이
하늘과 구름
새와 나무가 들어왔다.

내 얼굴도
가만가만 보이는데
이렇게 많은 걸
품고도
흘러넘치지 않는다.

## 양우정 시인

2022년 《시와산문》으로 등단.
2017년 시마을문학상대상.
시마을동인

## 관절인형


손가락 끝을 타고 울창해지는
기 센 이야기꾼들의 얼굴은
목젖에 걸린 좋아요라는
문장을 문 파랑새

액정 가득
소통과 갈망의 식욕으로
서로의 얼굴을 떼어가며
각기 다른 시간의 언어들이
닮고 겹쳐진다

발밑을 집요하게 흔드는 기울기나
생각의 배꼽마저
화려한 퍼포먼스로 장식되어
신들의 밤하늘로 날아가는
투명 유리의 환상적 테마파크

면죄부로 생략된
보이지 않는 팔다리를 감추고
뎅강뎅강 잘려나간 입들이

울타리를 벗어나 달리는 머리를
쫓고 있다

오늘의 운세는
가파른 생각의 오만한 미래는 잊고
환생의 한 통속 새로운 얼굴로
갈아 끼우라는 명령형

꿈을 꾼다

사면체의 줄에 매달린
빈방 이미지의 부조물들에게서 파양되어
별자리를 보고 길을 찾는 숲속

가끔은 무지하다고 말할지 모를
나만의 울음이 묻어나는
오독이 깔린 사색이
그리울 때가 있다

## 대리운전


다시 봄은 오지 않을지 모를
실수로 삼킨 폭설이 내리는 괄호 밖

두 얼굴의 뭉클함은 매번 현재형의
결승선 앞에서 끊어진 절벽으로 아득해지곤 한다

고깔모자를 쓰고
시소게임으로 오르던 지난 꿈들은 그대로인데
먼 길 걸어와 내려앉은
굳은살 돋은 뒤꿈치의 표정은
읽히지도 호의적이지도 않는
공복일 뿐

둥글었던 손가락 지문이 얇아진
마른 나무숲의 표지판을 지나
듬성듬성 어울림의 맥락과 동떨어진 번지수
창밖 고요한 짙은 기척을 뒤로
주소를 두고 돌아오는 길

어쩌면

화두가 결말이 아닐지 모른다는
이쪽과 저쪽 세계의 술래인
내비게이션에서 사라진 자리로
어두워져야 드러나는 혼잣말처럼
발밑 빗금으로 떨어지는 벚꽃잎이
아직은 눈 속이라 속삭이는

호출을 부르는 신호 멎은 이면 도로 사이
간밤 끌고 다닌 온갖 거친 호흡의 염려들
말랑거리는 붉디붉은 새벽녘

## 안개꽃 카페


가슴을 풀어헤친 막차 놓친 광장

갈채의 목덜미
황홀한 뒤태 보이며
복화술사의 깊은 귓속말에 끌린
만화방창의 호시절

뼈마디 펄럭거리며 밤새 술잔 속 걸어왔을
나선형의 날들을 지나
하루치 어둠을 곁에 두고
바스락거리던 슬픈 동화 틀린 맞춤법 수정하며
거품 속 초점 잃은 고해의 밀랍인형들
낙타를 태워 귀가시키는 새벽

행방불명의 물기 젖은 말꼬리
둥글고 단단해져 늙지 말라며 새겨 넣는
하루의 목판이 숨이 되고 밥줄이 되는
그녀의 시집

감시를 벗어난 거울의 뒷면으로

은빛 물고기 입에 문 푸른 새 날아가는
햇살 따뜻했던 광화문 어느 골목

거리의 불면 속
새의 깃털로 장식된 킬힐의 안개꽃 카페

그녀가 있다

## 허영숙 시인

2006년 《시안》으로 등단.
2016년 부산문화재단 창작지원금 수혜.
2018년 〈전북도민일보〉 소설부문 신춘문예 당선.
시집:『바코드』『뭉클한 구름』 등.

## 아버지는 아날로그다

논둑에 박힌 삽자루는 아버지의 기지국이다

복사꽃이 피면 논물을 대다 말고
한 개비의 담배에 전원을 넣는다
그곳에도 봄꽃이 피었는지
봄이면 앓는 꽃가루 알레르기는 괜찮은지,

걱정의 고랑을 일구는 궁금한 소식들
담배연기를 타고 전송된다

아버지는 비싸고 귀한 것들은 모두 이불 속에 둔다

새참처럼 당도하는 딸의 안부를
들녘에서도 받으라고 보낸 휴대폰도 이불 속에 넣어두고
아버지는 늘 부재중이다

지루한 겨울을 나던 나무의 기지국은
새로 돋는 한 잎의 안부로 성업 중인데
소리샘에 고인 딸의 목소리조차 귀한 듯 넣어 둔
이불 속 또 다른 기지국은
여전히 감감하다

## 초승달


나는 둥근 어둠을 받아 낼 봄밤의 의자다
어느 국가의 깃발에 걸린 용맹한 발톱이었거나
후미진 골목에 세워놓은 고달픈 청춘을 깎아내는 칼날이다
누군가 그늘진 마음을 아홉 자나 밀어 넣은 풍경,
나를 지나 멀리 서쪽으로 빠져나간 사람의 초저녁이다
아니다, 내가 남도의 외딴섬 동백으로 피었을 때
동박새로 앉았다가 갈 때도 못 알아보다가
이제야 나를 알아본 너의 얇은 눈썹미라 하겠다

## 플로피디스크
- 어머니들은 도넛을 도나스라 불렀다


마당 가운데 우물을 두고
다섯 살림이 긴 슬레트 지붕을 함께 이고 사는
골목 끝의 집

자반고등어 한 마리에 다섯 집이 냄새를 나눠 먹는
그 집은 사연도 제각각이다
매일 퍼내도 마르지 않는 공동우물에는
어머니들의 수다가 두레박을 타고 오르락내리락
올망졸망 방 한 칸 부엌 한 칸 사이에 두고
성씨 다른 가족들이 각자의 창가에
별을 키우며 사는 그 집은
우물을 원탁으로 무정부주의자들처럼
그들만의 약속에 의해 살아간다 가령
연탄 밑불 빼주기
또는 일찍 나가는 사람이 공중변소 먼저 쓰기
내 집 그릇이 옆집으로 건너가
이가 빠진 채 돌아오더라도 아무 말 하지 않기

우물보다 가난이 더 깊어
밥상은 그릇 밑바닥 긁는 소리로 요란해도

서로가 서로의 아랫목에 무시로 드나드는
근친 아닌 근친의 촌수

한 집 아이의 다래끼가 다섯 번의 안부를 묻게 하는 누옥에
누군가 풍비박산으로 수저 몇 벌 가지고 들어온 날
여자들은 모처럼 도나스를 만들었다
고소한 기름 냄새를 골목들이 나누어 먹었다

한 가지 슬픔도 다섯 개의 대단원으로 나누어지는
그 집은
우물을 중심으로 각자의 방문과 방문이
서로의 삶을 붙들고
도넛을 도나스라 부르던 그 시절의 어머니들이 써 내려간
삶의 초판본은 늘 둥글게 반짝거렸다

## 서승원 시인

서울 출생.
『느티나무의 엽서를 받다』.
동인시집 외 다수.

## 친애하는 너구리 씨

당신이 이곳에 있다니
멈춰 선 내가 당신을 찍고 있네요

포즈 좀 취해 주세요
도도하게 혹은 우아하게
날 마주 봐주세요
나는 하루 종일 불편한 얼굴들 속에 파묻혀 있다
이제야 도망치듯 나와
어둠이 밀려오는 길에 섰는데
이제 막 하루를 시작하려는
당신 눈에 비친 내 불온한 얼굴은
어떻게 미안해해야 할까요?
하지만 그렇죠 우린 서로가 우연이잖아요
꿈이라면 운명이라고 혼자 허풍 떨지도 모르지만

더 이상 다가가지 않을게요
지금처럼 적당히 떨어진 거리에서
조용히 사진만 찍을게요
알아요
여기서 한 발 더 당신께 다가가

당신의 머리를 쓰다듬는다면
당신은 불행처럼 날 물겠죠. 불륜처럼 짖으면서
자 이제 서로 헤어집니다
당신은 산책로 건너 잉어가 뛰노는 강물로
난 흙을 덮어 버린 딱딱한 시멘트 길
심심하지만 아무도 다치지 않을 길로

친애하는 너구리 씨
잠을 설친 아침 다시 천변으로 나와 징검다릴 건너다
당신이 먹다 남기고 간 잉어의 빨간 속살이라도 보게 된다면
그 곁에 미소만 두고 갈게요

참
당신 사진은 여전히 폴더 속에 남아 있어요

## 두 번은 싫어

지금 내 앞에 토마토가 한 알뿐이라서 다행이야
여기저기 널려 있는 것 같아도
어딘가엔 산더미처럼 쌓여 있는 것 같아도
여기엔 작고 작은 토마토 한 알

그 한 알을 어떻게 해야 하나
찬물에 씻어 크게 한 입 베어 먹을까
반을 싹둑 잘라 접시에 담아 먹을까
잘게 잘게 갈아 주스를 만들어 먹을까
쓸데없이 고민하는 내게
빨리 먹어라
어머니 잔소리 좀 그만하세요
한 번만 그쯤에서 멈춰 주세요
먹고 싶을 땐 결국 어떻게든 먹고
먹고 싶지 않을 땐 그래요
하나뿐인 토마토도 버리고 싶어져요
냉장고 안에서 짓물러 가도 그만
잔소리를 이겨내는 철든 사람으로 살렴
나는 두 번 산다고 해도 변할 것 같지 않아요
두 번 살고 싶을 만큼 유쾌한 적도 없고요

영원히 살면서 유쾌해질 수 있다면 어때?
그건 두 번보다 더 싫어요
천국만큼 지겨운 곳이 또 있을까요?
지옥만큼 따분한 곳이 또 있을까요?

언젠가 도로를 달리던 트럭에서 토마토가 우르르
쏟아져 내리는 것을 봤어요
떨어져 깨지고 터지고 뭉개지던 루저 토마토들
그때 내 얼굴도 벌게졌어요
뭉개지던 토마토와 더 닮아갔어요

## 공간, 서열

미나 분식 앞을 지나는데 골목을 지키던 개가 짖는다
내가 뭘, 왜, 마음에 안들었는지 사납게 짖는다
이곳은 떡볶이를 먹기 위해 언젠가 당신과 왔던 곳
별걸 다 기억하고 있군 이젠 소용도 없는 걸
오후 4시 지금 당신보다 날 더 채워 줄
순대라도 먹고 갈까 아니면 라면이라도
오늘 미나 분식 앞을 지나는데 개가 짖었어
소용도 없는데 계속 짖기는…
소용없는 개는
소용없는 계절에
점점 쓸모없어지는 어떤 얼굴을 닮아 간다
그 얼굴이 나를 향해 짖을 때
내 한쪽 다리를 뼈다귀처럼 던져 놓고 골목을 나왔어야 했나

개 한 마리 키우고 싶어
목소리를 잃은 개, 꼬리만 남은 개, 내게 짖지 않는 개
안돼요 집도 좁은데
둘이 공처럼 웅크리고 자면 좁지 않을 텐데
그래도 안 돼요
그럼 고양이는 어때

개든 고양이든 부드러운 살을 가진 무언가를
안아 주고 싶어 쓰다듬어 주고 싶어
만지고 싶은 기분을 만지고 싶어

집이 좁다고 했잖아요
이 집엔 더 이상 당신의 기분을 놓을 자리가 없어요
점점 좁아져 가는 집에서 당신은 돌처럼 앉아 있고
난 사막처럼 메말라 가요
내 방문 좀 닫아 주실래요
모래바람이 날려 주방이 엉망이 되기 전에…
그리고 오늘은 그만 짖어 주세요

## 심심한 세상

가는 길에 아이에게 물도 사 주고 아이스크림도 먹게 해 주었다
그리 높지 않은 산, 정자에 앉자 도시를 내려보며 시원한 바람도 맞았다
사진도 몇 장 찍고 내려오는 길엔 시장에서 라면과 떡볶이 김밥도 먹었다
아이와 놀아주고 집으로 돌아가는 길 지하철 계단을 오르던 아이가 말했다
"아빠 심심해" 대책 없는 내 발걸음은 집을 향해 속도를 높이기 시작했다


영화에선 심심한 아이들이 모여 사고를 친다
TV에 신문에 그 사건이 요란스럽게 오르내린다
그러나 그 행동은 그저 장난이었다며 여전히 심심한 얼굴로
아이들은 또 다른 놀잇감을 찾는다
영화 속 장면
소녀들이 차가 많이 다니는 도로 위 다리에서
속옷도 입지 않은 채 치마를 들어 올린다
도로를 달리던 차들이 그 모습을 보고 놀라 서로
부딪치고 그 사고로 사람들이 죽는다

퇴근 후 저녁을 먹고 습관처럼 컴퓨터 앞에 앉자 바둑을 둔다

몇 판을 두다 보면 아무 생각 없이 손 따라 바둑돌을 놓고 있는 내가
있다
바둑 사이트에서 나온다. 방향을 바꿔 유튜브의 세계로 간다
긴 영상은 통과하고 짧은 영상을 계속 넘기며
본다. 본다고 생각한다. 눈과 귀와 머릿속이 흐물거린다
방문을 열고 들어온 아내가 말한다
"당신 방에서 이상한 냄새 나" 나는 비굴하게 웃는다

어디선가 차들은 저들끼리 부딪치고 폭탄은 터질 곳에 터지고 비명은
소리 없이 퍼지지만
아이와 소녀와 나는 심심해하고… 또 심심해하고 또 끊임없이 심심해
진다

## 어쨌든

누나가 처녀 때 일입니다
혼자 어두운 골목길을 지나 집 앞에 도착했습니다
대문을 열고 들어가려던 순간
누군가 몽둥이로 누나의 머리를 내리치고 도망쳤습니다
다행히 골목은 죽지 않고 두려움만 대문 앞에 심어놓고 갔습니다

어느 날 누나는 어린 내게 보고도 없이 가출했습니다
골목을 떠난 것인지 집을 떠난 것인지
아버지를 떠난 것인지 어머니를 떠난 것인지
버리고 간 것이 아니라 그 모두를 데리고 간 것인지 알 수 없었습니다

중요한 건 보이지 않았습니다
보이지 않는 누나를 있다고 믿어야 하는 난
보이는 골목과 구슬을 놓고 가위바위보를 했습니다
딱지를 놓고 팔을 크게 휘두르며 소리를 쳤습니다.
죽음도 모른 채 비석을 놓고 비석 치기를 했습니다
그렇게 몇 년 순한 세월을 살았습니다

그러던 어느 날 누나가 돌아왔습니다
돌아온 누나 앞엔 긴 문장이 사라졌습니다

수척해진 말줄임표와 자꾸 뒤를 돌아보는 느낌표만 남았습니다
교복을 입은 나도 더 이상 누나에게 물음표를 던질 수 없었습니다
가끔 빈 도시락이 담긴 가방을 던졌는데 그때마다 나 대신 뭔가
물어보는 듯한 달그락달그락 소리가 들렸습니다


  꼬

     불

  꼬

     불 한 면발의 라면을 먹으며 가끔 혼자 생각했습니다
그동안 누난 왜 누나의 좁은 골목길만 돌아다니다 온 건지
우리 집은 여전히 골목 안에 있는데 왜 다시 온 건지
뜨거운 국물을 마시며 또 생각했습니다

*맛있으면 됐지! 왔으면 됐지! 어쨌든 됐지!* 그냥 그렇게 믿기로 했습니다

## 최정신 시인

2004년 《문학세계》로 등단.
2019년 조세금융신문 《디카시》 입선.
시집: 『구상나무에게 듣다』 외 동인지 다수.

## 속초


넘치는 청춘을 감당 못 해
온 밤을 목 놓아 모닥불을 태우던 곳,

새벽 산통을 끝내고

금빛 윤슬을 슬어
세간사 헛발질로
길 잃은 발목을 토닥인다

모든 길의 끝남은 이곳이지만
모든 길의 처음도 이곳이므로
정착하기 마땅한 곳이 아니라며
방금 디딘 길을
썰물이 감쪽같이 쓸어간다

속 깊은 초심으로 돌아간다면
대포항 등대처럼 무심으로
저물 수 있을까

물매로 늙어가는 파식대가

수 세기를 견디는 공식도
무심이었노라 철석철석 들려준다

우두커니 서 있던 방풍림이
천 개의 해풍을 풀어 반기는
주문진 장터
배불뚝이 아낙의 칼끝에서
토막 낸 요기가 발품의 은총이다
물때 맞춰 조율되는 날 비린내로
편도의 티 은 희망호로 예약한다

## 기억의 완충지대



서랍 정리를 하다 동전통을 꺼낸다

계산 끝 십 원이 모자라면
살 수 없는 물목은 있지만
동전 한 개 값으로는 구입할
물목이 없다

폐기 된 전화기에 잠든 잔상을 동전으로 지불한다
어떤 이름은 는개가 촉촉이 내리고
어떤 이름은 눈발 속으로 아슴하고
맑은 미소가 봄 호수 물주름 같던 이름도 보인다
마지막 걸음을 접고 연기가 된,
너 아니면 삶의 의미도 없다던,
화석이 된 시간이 머물러 있다

"그때는 그랬었지"란 티켓을 파는
서랍 속 상영관,
잠시 스쳤던 인연들이
시나리오 한 편씩을 쓴다
〈

관계의 더께를 쌓는 일이 삶이라면
커트라인은 턱걸이로 넘긴 셈일까
손님처럼 다녀간 인연이
희비의 전과를 남긴다
내일이란 커튼콜을 주문하는
앤딩 자막에
그리움은 휘문이로 자라고 있다
쓸쓸함에 깃들면 남은 회로가
퇴화될 것만 같아
서랍을 봉인한다

## 봄의 서사

전 년 봄 일이다
매년 햇 봄을 서둘러 마중하며
주홍색 고고한 자태를 뽐내던
군자님 소식이 깜깜하다
기다리던 내 목이 짧아
흙 아래까지 닿지 못했나 싶어
잎을 들추니 딴살림을
무려 네 집이나 꾸린다

그러느라 꽃대 올릴 여력이 있었겠나 싶다
돌아보니 성년이 된 자식들
분가 내기도 쉬운 일 아니었지
꽃살이라고 쉽기만 하겠나 싶다
윗집 옆집 아랫집 살림 내주느라
다친 상처가 안쓰러워
내년 봄 눈 맞춤 하자 쌀뜨물로 달랜다

올봄 소담스레 올리는 꽃살림,
나누고 나니 더 큰 행운이 온다는
진리를 몸소 일러 준 군자님도 가고
봄도 떠날 때를 알고 미련 없이 떠난다

## 김부회 시인

2011년 창조문학신문 신춘문예, 『문예바다』 신인상, 중봉문학상 대상, 문학세계 문학상(평론 부문) 대상, 모던포엠 문학상(평론 부문) 대상, 목월 문학상, 가온문학상 대상, 김포문학상, 평택디카시 공모전 최우수상, 문예바다 문학상, 계간 문예바다 편집 주간, 모던포엠 편집위원, 사색의 정원 편집 주간, 김포 신문 시 전문 해설위원, 2024 올 해의 객원 평론가 상 외 다수 수상. 시집 『시, 답지 않은 소리』 (러시안룰렛), 평론집 『시는 물이다』, 중편 소설집 『냄새』, 사람과 시 두번 째 엔솔로지 외 20여 권 동인지 발간, 전자 시집 『오로라 보러가기』 등 다수.

## 칼의 파지법


다섯 손가락으로 주먹 쥐듯 움켜쥐면 안 된다
엄지와 중지만으로 가볍게 흔들릴 듯
그러면서도 정확히 타격점에 대한 무게중심이 잡혀 있어야 한다
칼날이 제대로 서지 않았던 이유가 그것이다

서슬 퍼런 채 눈만 껌벅거리다 전원 나간 라디오처럼
푸시시 죽어버린 칼은 이미 칼이 아니다
목표를 분석하는 예리한 말초 감각. 그 표현하는 감각의 끝에
감각이 있다는 것을 칼은 알아야 한다

날에 살이 닿은 감촉은
너무 딱딱하거나 푹 찌르듯 한달음에 십 보 전진이 아닌
일 보, 이 보를 통한 꾸준하고 정성스러운 찌르고 베기가 될 때
온전한 감각이 된다

검법이 존재하고 업그레이드되어 전승되는 이유는
베이는 자를 위한 것이다
단칼에 날려야 고통이 없을뿐더러
베는 자와 베이는 자 모두 원하는 궁극에 도달할 수 있는
죽음과 같은 쾌락을 느끼고자 함이요

목표지점에 도달하기까지 최소한의 거리와
최소한의 각도를 유지하는 것이 곧
최대한의 배려라는 것을 깨닫게 하기 위함이다

자, 이쯤에서 다시 한번 파지법을 말한다
엄지와 중지, 가볍게, 흔들 듯
대략 사십오도 각을 유지하며 접근하다
과감하게 푹,

자위는 함부로 아무 데서나 하는 것이 아니다

자객처럼 은밀하게

## 회계학(會計學)의 회개학(悔改學)적인 접근 방식

아버지는 늘 대차 평균의 원리를 강조하셨다
- 부채도 자산이야
어머니의 손익계산서는 매달 적자를 보는데
무자본 특수법인으로 시작한 우리 가계는 이미 잠식된 자본금을 모두
까먹고도 잘 굴러만 갔다

대학 입시에서 회계학 전공을 선택했다
그때까지만 해도 청년 전도사의 말을 신봉했다
- 눈에 보이지 않아도 믿을 수 있다는 것이 신앙이야
천국으로 가는 티켓은 회개라는 매표소에서 판다고 했다
그 회계가 회개라는 것을
한문을 배우지 못한 세대는 대개 몰랐을 것이다

첫날 첫 수업에서
회계가 회개만큼 어렵다는 것을 알았다
이미 회개하기에는 일 년의 시간이 더 필요하기에
적자의 손익계산서에 손을 벌리기 힘들었다
내 노동을 제조원가에 산입하기 시작하고
회계하기에는 부족한 나날이
엘 콘도르 파샤가 되었다
〈

보이는 것만 믿으라는 숫자 논리에 흠뻑 젖은 노땅 교수가
원가 계산을 지도하는 수업 중간에 느닷없이 가스펠 송을 불렀다

나는 매일 회계를 하며 회개를 했다
한문에 속은 나를,
대차 평균의 원리에 속은 아버지를

신앙이 차변이라면 회개는 대변이었다 그것이
어머니가 여태 버티고 사는 기도빨이다

브이 로고를 그리는 아버지의 영정사진 앞에서 나는

회계를 하는 것인지 회개를 하는 것인지

옆에서 기도하는 어머니의 진중한 울음소리가 제사상을 변주하고
회계를 하기에 너무 늦은 나는
회개를 전공으로 선택하기로 결정을 했다
그것이 옳다고 믿었다


\* 사이몬 가펑클의 노래/철새는 날아가고.

## 개인적 자위권 발동에 대한 판결문 낭독


똥 누는 아이 주저앉히기가 취미라는 놀부전에서도

춘향가의 사랑가 중 "아니리" 장단
'내 양팔을 니 등 우에 얹고 징검징검 걸어 다니면
다 그 안에 좋은 수가 있느니라'에서도

중중모리장단의 '어허 둥둥 내 낭군, 도련님을 업고 보니 좋을' '好' 자
가 절로 나에서도 읽지 못한 그런 의뭉한 행위

이춘풍전, 변강쇠전, 등등의 고사에서도 발견하지 못한 전대미문의
기사

현대판 뽕 1, 2, 3, 4편에서도 이대근의 '마님' 중에서도 보지 못한
절륜한 미드나잇 스토리와 그중의 최고봉
애마 부인에서도 거론조차 되지 않은

마치
춘향가의 판소리 한마당 중, '쑥대~머리~~~가'

쑥대머리~~~, 쑥대머리~~~, 쑥대머리~~~, 쑥대머리~~~

〈
홍에 따라 변질된 소리는 들어봤어도

살다살다
길거리에서 자위하다 걸려 잘리는 분은 처음 본다
버젓이 길가에서

작금이란 요즘 세상을 말하는 것인지
作禁인지 모두 헛소리라는 말인지 모를
딸랑딸랑 그 천만부득의 요령이 천지간을 흔들어대는
요즘 시대
본안 피고인 및 피고인의 오른손에 대하여
자위권 집행 유보 30년에 처한다

## 김용두 시인

2013년 《시문학》 등단.
동인시집 『푸른 꽃들의 시간』,
『느티나무의 엽서를 받다』 등.

# 장수

늘 하늘만 바라보다
죄지을 틈 없는 나무
바람이 불어
자세가 흐트러져도
벼락에 맞을 때도
한눈팔지 않는다
그렇게
나무는 몇백 년을 산다

## 아버지의 집

강이 굽어보이고
숲으로 둘러싸여 있는
하늘과 가까운 집
도로가 있어 접근성이 좋은
아버지가 평생 처음으로 사신 집
자식들 불러들여
옛 추억을 생각나게 하고
서로 멀어졌던 마음들
하나로 결속시키는 집
세상일에 지친 자식들
맑은 바람 쐬다
새소리 들으며 쉬었다 가라고
아버지가 사신 집

# 경로당

생의 9부 능선에 올라
번지점프를 준비한다

앞에 보이는 것은
까마득한 천 길 낭떠러지

화투패를 돌리자
정신에 푸른 꽃이 핀다

이름을 부르면
바로 나와 뛰어내려야 한다

## 김재준 시인

2009년 광주일보 신춘문예 당선.

## 창밖에는 목련

숟가락이 휘어졌을 뿐이다
누룽지 바닥을 긁다 숟가락이 휘어졌을 뿐이다

휘어진 숟가락을 바라보았을 뿐이다
솥단지 검은 바닥을 바라보았을 뿐이다

그러고는 굵은 침을 삼켰을 뿐이다
일어나서 물을 찾아 한 잔 마셨을 뿐이다

휘어진 곡선을 쓰다듬었을 뿐이다
곡선의 임계점에서 손이 멈췄을 뿐이다

가슴 속이 하얗게 부풀어 올랐을 뿐이다
휘어진 시간의 뒷등이 돌아서길 기다렸을 뿐이다

# 첫눈

열심히 이정표를 따라잡아도
겨울 한계령쯤에 잘못 들어
주저앉게 되는 날이 있지
꽃게탕을 시켜놓고 바라보는 건넛산 고사목
쓰러져야 할 것들이
쓰러지지 않는 것을 바라보면
제 몸을 태운 불길을
다시 토하는 숯불의 뜨거움이 느껴진다
한계가 길을 잡아두고
밥을 내놓는 일
비등점이 꽃게의 등딱지에 그리는
붉은 꽃을 바라보는 일
그 검은 마음 조각들로 숯불이 일렁인다
여기쯤이었다지
보부상들이 동태를 짊어지고
한계령 칠흑을 넘다 몸이 얼기 시작하면
조금씩 비상 가루를 삼키던 곳
그 비상 가루같이
격렬한 흰 발광체의 벌레들이
고사목에 달라붙어 눈송이를 매달고 있다

이 꽃은 북방 한계선이 없다지
슬픔은 좋은 전도체라서
흉진 등을 따라 고압이 흘러온다
이 감전으로 알전구에 빛을 가득 채울 수 있을까
그리고는 넘치고 흘러서
산 아래 비탈쯤에서
맵고 둥근 알을 품은 새파란 마늘밭을 지나
잘못 우회전했던 길을 더듬어 나갈 수 있을까
마음의 내림차순 맨 아래까지
첫눈이 다다른다

## 석등의 저녁


시린 손들이 불씨를 얻어갔나 보다
손때가 까맣다

모든 어둠에도 빛은 숨어 있다는 듯이
손때는 신앙처럼 반들거린다

옥좌가 주리를 틀든
마당쇠의 안방에서보다 밝았으랴

평등한 밝음
사실 신앙은 거기에 있다고 믿는다

돌 같은 가난이
저녁 등불을 내걸 수 있는 것도 그 때문이리라

하여 어둠을 허락한다
저녁에게 방문을 허락하기로 한다

어두워지고 어두워지면
묵은 때처럼 빛의 비늘이 돋아날 것이라

〈
밤하늘의 무수한 별들이 억 년 동안 반짝이는 소리를
비로소 들어보기로 한다

## 이명윤 시인

1968년 경남 통영 출생.
2006년 전태일문학상.
2007년 《시안》으로 등단.
시집 『수화기 속의 여자』 『수제비 먹으러 가자는 말』,
『이것은 농담에 가깝습니다』

dalsunee@korea.kr

## 저녁이 온다

네가 저녁에 대해 물었을 때
먼 산 뒤에 숨어 있던 저녁이 온다
저녁은 가만히 돌아앉아
우리의 대화를 다 듣고 있었던 것
물컵에 천천히 한숨을 따를 때
비스듬히 저녁이 온다
동네 한 바퀴를 돌고 있는 저녁에게
손을 흔드니, 저 순한 어둠은
못 본 척하지 않고 나에게로 와
한 편의 시가 된다
저녁을 이야기할 때마다 어둑어둑
깊어지는 저녁의 눈빛
모닥불로 훨훨 거침없이 피는 저녁
자귀나무 이파리로 가만히 흔들리는 저녁
때로는 담장 아래 앉은 그림자로
훌쩍거리는 저녁
빙글빙글 돌아가는 저녁의 식탁에 앉아
서로의 눈을 마주하는 사람들
눈 위로 떨어지는 한 줄기 빛,
혹은 오래 묵은 빚처럼 완성될

어느 쓸쓸하고 가난한 저녁을 위해
우리는 매일매일
저녁의 숨소리를 배우며 사는 것
오늘의 저녁은
일만 구천칠백열두 번째 저녁,
저녁을 밟고 저녁을 넘어
물밀듯이 밀려오는 저녁
소리 없이 다가오는 사자처럼
검은 눈빛을 펄럭이며 저녁이 온다
저녁을 부르면 최초의 약속처럼
아름답고 서러운 저녁이 온다

# 타이어 아웃 tire out

　자판기에서 뽑은 커피를 마시는 동안 대리점 직원은 검은 코팅 장갑을 끼고 능숙한 솜씨로 휠에서 타이어를 분리했다 이 상태로 도대체 어떻게 타고 다녔냐며 지문이 모두 닳아 반들반들 윤이 나는 타이어를 직원이 번쩍 들어 보이기까지는 오 분도 채 걸리지 않았다 사고가 안 나서 천만다행이라는 혼잣말과 함께 그는 타이어의 등을 힘껏 떠밀었고 마침내 금속 얼굴을 벗은 타이어는 빈 공터를 향해 바람처럼 낙엽처럼 지그재그로 굴러가고 있었다 세상에서 가장 헐렁한 얼굴, 아니 정확히 말해 얼굴을 벗은 얼굴이었고 허공이 된 얼굴이었다 집으로 오는 내내 나는 사라진 얼굴의 안쪽이 궁금했고 깊숙이 손을 넣어 그가 굴러온 시간을 만져 보고 싶었다

## 살구꽃이 피었다구


저녁을 먹고 일찌감치 자리에 누웠는데 김점용* 선생 전화가 왔다. 이 시인 지금 뭐 해? 네? 별일 없으면 지금 바로 대촌마을 최정규 선생 집으로 와. 네? 이 시간에 왜요? 살구꽃이 피었어… 네? 그래서요? 아, 마당에 살구꽃이 피었다구. 지금 여기 다 모였어! 올 때 막걸리 열 병을 부탁했지만 목소리에서 이미 취기를 느낀 나는 꾀를 부려 여섯 병만 사서 차를 몰고 갔다. 밤늦게까지 돈도 안 되는 몇몇 시인들이 살구와 음악과 막걸리에 취했고 재활 중이었던 그이는 모처럼의 술에 제대로 늘어진 꽃떡이 되어 집에까지 겨우 바래다 드렸다.

올해도 살구꽃이 피었습니다….

네? 그래서요?

## 배월선 시인

경남 창녕 출생.
방송통신대 국문과 졸업.
2009년 월간 《문학바탕》 등단.
2010년 월간 《문학바탕》 한국서정문학상.
수상시집 『당신과 함께 가고 싶은 나라』,
『등본이 따뜻하다』

## 그냥 눈물이 나

요양원에서
어르신 체온을 재는데
"오늘 날씨가 좋으냐?" 묻는 말에
그냥 눈물이 나
하필 목련은 꽃망울을 맺어가지고
하필 개나리는 화창하게 피어가지고
고철 더미로 피어난 노란 개나리 십자가처럼
입술마다 반창고를 붙이고
말 안 해도 다 안다는 듯이
햇볕 좋은 날에
밖에 나가고 싶다는 말에
그냥 눈물이 나
주말에나 아들딸 손자 손녀 고사리 손잡고 벨을 누르면
문 열어주면서 그냥 눈물이 나
"어머니 저녁, 외식시켜 드리고 싶네요." 하는 말에
외출허가증 적는데 그냥 눈물이 나
흘러간 노래는 흘러간 세월처럼 아득하여
그냥 눈물이 나
요양원에선 그냥 눈물이 나
요양원에 사는 사람이나 면회 온 사람이나

눈에 보이는 것들과 안 보이는 것들 사이
빨간 털실로 짠 스웨터에서 실오라기를 풀어 뿌연 안갯속을 거꾸로 내달리듯이
그냥, 그냥 눈물이 나

## 봄에는 연두

우리, 사는 동안
겨울이 지날 때마다 봄이 온다
봄에는
순한 마음으로 세상을 바라보자
빈 가지마다 연두에서 초록이 짙어지는 것처럼
있는 듯이 없는 듯이
처음엔 다 그렇게 시작하는 거야

찬바람에 맞서 독하게 버티다가
겨울도 마지막엔 두 손 들고 순하게 하얀 눈을 내려준다
눈 위를 뽀드득, 눈 뜨는 연두
계절 하나 덮기 위해 연두는 초록을 끌고 가을까지 간다
순하게 살아가는 법을 아는 것이다

나는 봄이면 자연스레 일어나는 연두만큼 평화로운 색깔을 본 적이 없다
봄에는 연두에 드러누워 연두처럼 순해질 생각을 하자

알고 보면
우리, 사는 내내
계절은 겨울이 조금 더 길었을 뿐이었다

## 푸른 단풍


죽음은 모두 남 일이라
죽음을 미리 알지는 못하리라는 것은
살아있는 순간에만 할 수 있는 아름다운 오해였다

어느 겨울, 그녀를 만난 건
내가 막 초저녁 근무를 서기 위해
외과 병동 입원실 차트를 넘겨받았을 때였다
그녀는 병원 응급실마다 문을 두드렸고 그때마다
몇 번의 거절을 당했다고 했다
까만 눈동자만 빼고 백 프로 전신화상을 입은 상태였으므로
그랬을 것이다
화상으로 온몸에 하얀 붕대를 감은
미라가 된 그녀에게 링거 주입을 위해
내가 모세혈관까지 죄다 뒤지고 있었는데
담담하고도 가늘은 목소리가 들렸다
"혈관이 다 타버려 찾기가 힘들 텐데요,
괜한 고생만 시키는 건 아닌지 모르겠어요."
그녀가 세상에 주고 간 짧고도 길었을 한 호흡,
내가 찾고 있는 그녀를 살릴 혈관에 있는 것이 아니고
내 걱정이었다니,

## 우리가 낙엽이라면

우리가 낙엽이라면
한 가지 색을 내기에도 버거웠던 날들
더 푸르지 못한 나무에 목숨 따윈 걸지 말자
정신없이 뛰놀던 치기 어린 시절
푸르른 이파리들이 있기나 했는지
가다 보면 뒤통수에
가을이 와 서 있다
한 번뿐인 목숨 아직 남았거든
푸른 물관을 마저 열어
언 땅 딛고 새로이 일어설 수 있는 쪽으로
환한 단풍물 든 낙엽이 되자

우리가 낙엽이라면
병든 이의 창문가에서는 마지막 잎새가 되고
어느 노숙의 추운 겨울을 견딜 맘 따뜻한
낙엽 이불이 되자

## 봄이 오면 걸어서 가봐라

씽씽 달리던 자전거
길모퉁이 세워두고
고철 한 무더기 널브러진
개나리 꽃길
홀로 걸어서 가봐라

생각나지
도도하고 지랄 맞던 성격
툭하면 토라지던
까칠까칠한 고집하던 고 가시내
어디가 좋아서 맘 돌리느라
꽃무늬 편지지 밤새 다듬던 날이

해마다 봄도 제멋에 겨워 오고 가는데
환장할 그리움은 왜 또 들썩거리고 난린지
봄이 오면 그리움도
저리 물고 늘어지는 것을
꽃은 괜히 피었겠나

일 년에 한 번

생일은 챙기고 사나 몰라
제 잘난 줄만 아는 고 가시내
봄이 오면 개나리 꽃길
너도 홀로 걸어서 가봐라
내 생각이나 나는지

## 임기정 시인

경기 파주 출생.
시집으로 『느티나무의 엽서를 받다』.
동인시집 외 다수.

## 자식 걱정

큰아들이 나타나
여유 있으면 있는 돈
한 달만 돌려 쓰자 하였다
내가 돈 나올 구멍이 어디 있냐며
온종일 한숨만 바닥에 떨구더니
농협에 묶어둔 돈 풀어
내미는 어머니

몇 달 지나도 소식 없는
자식에게 묶여 있는 돈
어렵긴 어려운가? 보다며
자식이 먹고 떨어져도
별수 있겠냐 하는
그 어머니
내 어머니

## 징검다리


오일장이 열리는
진주 봉곡시장 앞을
지나다 보면 시냇물 같다
징검다리 돌처럼 앉아 있는 할머니들
물결을 이르는 푸성귀
넘치지 않을까 쓸어 모으며
분에 넘치는 삶보다
바닥까지 말라가는 삶보다
졸졸 끊임없이 흐르는
냇물 같은 삶을 살고 싶다며
지나는 사람들 건네주는
농담 받아치며 웃고 있다
어둠이 익어갈 즈음이면
서둘러 건너가는 사람들
내내 아쉬워하다.
버스 차 삯만 받으면
일어나 간다며
달라붙은 이끼를 털어내듯
두르고 있던 수건을 벗어
온몸을 탁탁 털어내고 있는

# 명패

국가보훈처에서 보내온
국가유공자인 아버지의 명패
남의 집 대문들이라 붙일 곳 마땅찮아
이사 때마다 들고 다닌 지 십 년
이곳이라도 붙이라며
국가보훈부에서 특별분양해 준 아파트
방보다 대문이 눈에 쏙 들어와
반듯하게 붙였더니
꿈속에 아버지가 나타나
옷소매로 명패 쓱 문지르고 가시는

## 슬리퍼

누가 놓고 간 것일까
하늘색 슬리퍼
OO병원 518호 병실 보조침대에
얌전히 놓여있다
중환자실에서 막 올라와
맨발이었던 나
화장실 갈 때, 식판을 갖다 놓을 때
낡은 슬리퍼가 나를 부축해 주었다

퇴원하는 날
짐 꾸리며
그 자리에 놓아둔 슬리퍼
마지막 인사를 보낸다
숱한 만남과 이별을 치렀을
허름한 슬리퍼 한 켤레
또 누구의 걸음
부축할 것인지 아무 말이 없는

## 당번

학교 끝나 집에 오면
머리에 찌그러진 냄비 쓰고
참새떼 쫓으러 논으로 간다.
속이 뜨물처럼 되어 볍씨
쭉쭉 빨아 쭉정이 만들려는 참새떼
시커멓게 몰려오면
쓰고 있던 냄비를 벗어
땅땅 내리친다.
남의 논으로 날아간 참새떼
순애네도 영식이네도
온 논이 아이투성이다
어둠이 발목부터 차에 오르면
참새떼도 석양 뒤로 접혀 사라지고
그제야 집으로 와 밥상에 앉으면
내일은 기석이여
아버지 한마디에
오늘 저녁 밥알이 달다

## 박 용 시인

2003년 《현대시문학》 등단.
2003년~현재 시마을 동인.
영포문학회원.
소설:『황홀한 고통』,『감포항』.
수필:『사랑한다는 말』.
전자시집:『술 취한 비행사의 노래』.

# 밥

우리는 동고동락 무촌이다
내가 사랑하는 그 여자보다
그 여자가 잉태한 나의 분신보다
내가 존경하는 부처님, 예수님보다
화가 나면 걷어차는 개똥철학보다
염라대왕 보낸 저승사자보다
더 절대적인 밥풀떼기로
날마다 끼니를 맹신하며
구난의 연명사를 공략하는
원시 전략은 튼튼하다

피 한 방울 섞이지 않은
나의 우쭐한 목숨의 집행자

밥으로 맺은 연이 피붙이를 만들고
내 뼈에 살을 바르는 동조자가 되면
신경전달물질 에너지가
성 게오르기우스의 순교보다 강한
믿음으로 전이되어
가혹한 맹종으로 삶을 강제한다

〈
살아있는 것들은 밥을 놓지 못하고
살아있으므로 한술 밥의 난치병에
인생을 저당잡힌 밥풀때기 노예들
평생 믿어온 밥은
세상에 체류하는
인류 구세주다

# 폭서(暴暑) 1

짓무른다
아침에서 저녁이
동쪽에서 서쪽이 짓무른다

하늘과 땅 사이 숨 쉬는 것들이
짓물러 찜이 되는 하루

이웃들이 폭서에 빠져 버둥댈 때
에어컨 바람은 내 몸둥이를 짓밟는다

아폴로여!
이 밀폐된 공간에서의 하루를
거두소서

바람마저 짓무른 오후
차라리 내가 바람 되어
알래스카를 꿈꾸며 질주한다

찜통을 벗어나지 못해
찜이 된 삼계를 만나

말복이 어디쯤인지 묻는다

내 위장 속에다
닭의 눈물을 욱여넣으며
짓무른 닭의 울음을
꾸역꾸역 삼킨다

# 폭서(暴暑) 2

도시의
아스팔트가
흐물거리는 오후
그늘마저 푹푹 찌니
숨을 곳이 없구나

하늘 천 따 지가
대장간 뒷불이니
용왕님 사시는 바다로
호적을 옮겨야겠다

지지고 볶는 세상
더위 먹은 정치는 곤죽이고
이빨 빠진 언론은 횡설수설
납량 드라마 연출에 헛소리다

이열치열 사는 게
스트레스다

말로 불 지르는 정부는
국민 피서지를 찾지 못해

숨통 조이는 오보를 남발하고

백기 투항 자영업은
소비 쿠폰에 목매달아도
쓰나미 부도에
구명조끼 없는 구조는
불가항력이다

횡설수설 지저귀는
공중파 없는 요 왕국으로
이적하고 싶다

떠돌이 노숙자면 어떠리
지느러미 없는 이방인이면 어떠리

아가미에 바다를 가득 물고
자유 부력으로 주행하는
한 마리 향유고래가 되어
동쪽 바다 그 깊은 수심에
묻히고 싶다

## 매미는 울지 않는다

울어야 할 입도
말랑한 성대도
질퍽한 눈물샘도 없다

울음은
감정 조절 장치가 급조한
비활성 음원이거나
울림과 떨림이 결합한
비장의 언어다

노래가 천직인 매미는
떨림판을 가진 악사이며
뮤지션(musician)이다

함부로 남의 노래를
울음으로 헐뜯지 말라
7년 어둠에 득음한 절창을

짝을 찾는 구애는
필생지대사(畢生之大事)

현주소를 발설하는 생음악은
절대 음역의 '뮤직 텔링(music telling)'이다

당신은 어디 있는가?
내 혼절의 노래에 답한다면
우아하게 날아올라
운명처럼 달려오라

매미는
결코 울지 않는다
눈물로
호소하지도 않는다

임을 향한 일편단심
버스커(busker)일 뿐

## 성영희 시인

충남 태안출생, 인천 거주.
2023 인천문학상 수상.
2023 아르코 문학나눔도서 선정.
2023 김우종 문학상 수상.
2019, 2022 인천문화재단 창작기금 수혜.
2017 경인일보, 대전일보 신춘문예 시 당선.
2015 농어촌 문학상 수상.
2014 제12회 동서문학상 수상.
2010 시흥문학상 수상.
서울/인천지하철 스크린도어 시 다수 선정.
시집: 『섬, 생을 물질하다』, 『귀로 산다』,
   『물의 끝에 매달린 시간』.

## 은어들

가을 햇살이 마당이며 지붕 위를
반짝이며 날아다니는 휴일
침대에 누워 눈만 깜박이는 여자를 보러
쌍둥이 아들이 왔다.
엄마가 곧 별이 될지도 모른다는 사실을
새까맣게 모르는 채
물고기처럼 헤엄쳐 다니는 어린것들
저 바짝 마른 몸 어디에
깊고 깊은 물의 근거지가 있었을까,
손가락 하나 까딱할 수 없어도
은구슬 같은 아이들 웃음소리에
하염없이 반응하는,
여울이다.
흘러내리는 물이
거슬러 올라가는 듯한 착시를 주는 여울
늘 그 자리에 머무는 것 같았던 여울
간간이 몸 허물어지는 소리만
물살인 듯 흘러간다.

싱싱한 은어의 몸에서는 수박 향이 난다는데

치어를 떠난 은어들이
수박 향 가득한 성어가 될 때까지
맑은 강으로 흐르고 싶었을 여자
두 뺨에 흐르다 마른 눈물 자국이
은하처럼 아득한데
뒤척, 물이 돌아눕는다.

## 휴일


성체를 모시기 위해 줄 서서
사제 앞으로 다가서는데
옆줄 노부부
구부정한 할아버지 뒤에
더 굽은 할머니가,
뒤로 뻗은 할아버지의 앙상한 손을 꼭 잡고
한 발씩 나아가고 있다.

그 어떤 힘에도 놓치지 않을 것 같은
바람만 불어도 끊어져 버릴 것 같은

## 해로(偕老)

그 내력이야 꾹 다문 입속에서
녹아가는 밀떡 아니겠는가.
성체 모시듯
서로의 이름 속에서
세 들어 산 옛말 아니겠는가.

## 버려질 순서

이사를 앞두고
하나씩 버리기로 한다.
앞으로 들어왔던 것들이
뒷걸음질로 나간다.
이 집에 살면서 가장 불화했던 것이
모서리들이었고
화해한 것도 모서리들이었다.
오래된 것들은 그 모서리부터 낡고 닳는다.
화해는 서로 닳는 일이었다.

몇 번의 유행이 바뀌는 동안
옷가지들은 날씬했던 과거에 머물러 있다.

버릴 것들의 우선순위를 정하는 일이
무슨 죄를 짓는 것만 같아
손대지 못한 채 며칠이 흘렀다.
무거운 것들이 놓였던 자리마다
꾹 참고 또 참았다는 듯
짓눌린 자국들은 이 집에 남을 것이다.
이런저런 자국들은 쉽게 따라나서지 못할 것이다.

〈
쌓아둔 책이 허물어지고
가지런했던 것들은 헝클어지면서
제 쓸모를 버린다.
미끄러진 책들 사이로
섞이고 가려진 이름, 이름들
몸 없는, 무수한 이름들과 동거했었다.

고요했던 구석들이
먼지로 살찌고 있었다.

## 가금류들


  종합중기 마당 후미진 곳에는 닭과 청계와 기러기들을 사육하는 가금류 우리가 있다. 일찍 아내를 잃은 종합중기 사장, 병아리 한 마리 반려한 것이 농장이 되었다는데 일찍 일 마친 인부들이 모이는 저녁이나 비 오는 날이면 우리 앞 평상은 그들의 휴식처다.

  오늘은 공사 하나 마무리한 사장이 미꾸라지 특별식을 제공한 것인데

  기러기가 금실이 좋다는 말은
  옛말 아니면 헛말,

  미꾸라지 한 마리를 놓고 암, 수 기러기들 쟁탈전이 벌어졌는데 암컷이 물고 도망치는 미꾸라지를 잽싸게 낚아채 꿀꺽해 버리는 수컷, 지켜보던 중기 사장과 인부들 저것들도 사람 사는 세상과 다를 것 없다고 쯧쯧 혀를 차는데

  계절에 살면 철새이고
  지붕이 있는 우리에 갇히면 가금(家禽)이 된다지만
  입에 맞는 음식이 있으면 늘 남편 앞으로 밀쳐 놓던 죽은 아내가 더욱 생각나는 것이었는데
  〈

금실(琴瑟)이라,
바짝 조이면 그 음이 멀리 가고
끊어지면 독수(獨守)다.

# 릴레이

건물 화단에 버려진
플라스틱 컵을 화분 삼아
작은 풀꽃 하나 피었다.
아무리 작아도 여름을 실천 중이시다.
비스듬히 누워 반쯤 흙에 묻힌
컵 속엔 빗방울에 묻어온 먼지가 쌓이고
이끼가 번성시킨 습기가 척박하지만
자잘한 하트 모양의 잎들이
초록 불을 놓고 있다.

아무리 여름이 넓고 무덥다 해도
초록 없는 여름이 있을까.
또 초록을 딛지 않고 꽃 필 수 있을까.
씨앗 맺는 꽃 없이 내년의 여름이
번성할 수 있을까.

트랙에 줄 맞춰 서 있는 선수들처럼
바통 이어받을 준비가 끝난 선수들처럼
식물들, 이어달리기를 한다.
그렇다고 순위를 매기거나

환호하지 않고 실망하지 않는다.

민들레가 메꽃에, 메꽃이 쑥부쟁이에, 쑥부쟁이가 여치에, 여치가 쓰쓰쓰 난 전파 심한 가을 숲에 전하는 바통들.

서로 얼굴 모르지만
계절의 대표 식물들은 이어져 있다.

## 김진수 시인

강원도 주문진 출생.
2016년 《시와세계》 등단.
시집 『설핏』 『꿈 아닌 꿈』.
동시집 『달을 세 개나 먹었다』 등.
2023년 백교문학상 수상.

## 고디바 초콜릿


발가벗은 백작 부인이 은밀하다

감은 눈 뜨지 마시고 휘파람을 부세요

혀끝을 간질이는 브뤼셀의 봄바람이 감미롭고
눈앞에 갈마드는 코번트리 회색빛 전설 품은 달빛은 교교(皎皎)하여

실오라기 한 올 걸치지 않은
수줍은 나신(裸身), 치렁거리는 금발(金髮)로 가린

여인, '신의 선물'이라는 이름처럼
끝없는 사랑이고
염천에 길 가다 얻어 마신 물 한 바가지 같은 이타심일까?

사랑과 초콜릿은 눈멀게 하고 시퍼렇게 멍드는 달콤한 가슴앓이 같아

본능적 호기심은 이성이라는 장막을 들추고
피핑 톰*을 낳고,
죽음보다 가혹한 수치심을 가린
사랑은 이타적이라 더 빛나고,

저물녘, 일렁이는 강물 같은 금빛 머리카락 살랑거리고

이보시게
달콤하면 달콤한 대로
야릇하면 야릇한 대로 느끼게나
이성적이면 더할 나위 없이 좋겠지만 세속적이라 해도 또 어떠리

맛보고 듣고 보고 느끼는 감정은 너와 나의 몫

나의 나부(裸婦)는 봄바람 되어 꽃 피우고

초콜릿은 오늘도 농염하고


\* Peeping Tom.

## 곶감, 바람이 되는 중입니다


지금 후생(後生)을 즐기는 중입니다

전생은 빛으로 가득했습니다
푸르고 붉고 하얗고 파랗고 누런빛이 내 전부였습니다
빛을 가두기 위해 얼굴의 두께를 늘렸습니다
굵어질 대로 굵어지고, 붉어질 대로 붉어진 전생이 까무룩 해 질 무렵

살갗이 벗겨지고 목을 매달아도 작은 신음 하나 흘리지 않았습니다

삶과 죽음은 둘이 아닙니다
전생보다 후생이 더 낫다면 죽은 들 어떻습니까?
보세요! 다들 웃고 있잖아요

붉어진 허물 벗고 허공에 매달려 바람을 들이는 중입니다

귓전 살랑이는 바람의 노래, 달콤한 바람의 입맞춤, 당신만 내 사랑이라는 바람의 고백, 설령 일회용이라 할지라도 기꺼이 그 품에 안기겠습니다 이미 한 옥타브 올라간 비음은 애가 타 순백을 믿어줄 눈빛 하나 없음을 알기에 그냥 마음 가는 대로 하렵니다
〈

바람의 등뼈가 말랑해져 결이 생기고 단맛이 듭니다
바람이 그려낼
하얀 후생이 궁금해지는 저물녘입니다

하나같이 야윈 볼우물 속 바람의 싹을 틔우고 있다

## 북두칠성

참 오랜만입니다
그간 별고 없으셨는지요?
못 본 지 십 년은 족히 된 거 같습니다
영겁의 세월 중 십 년은 찰나일 뿐이겠지만
속세의 시간은 무던히 긴 세월이었습니다
어릴 적 매일 얼굴 대하던 당신
소년은 당신을 쳐다보며 꿈을 키웠습니다
하늘을 날아보겠다거나,
별을 따겠다거나,
당신처럼 빛나는 사람이 되겠다거나 하는
그런 거창한 꿈은 아니었습니다
다만 아버지처럼 살지는 않겠다는 작은 꿈이었습니다만
지금 거울 앞에 선 내 모습이 누구랑 닮았다는 것에
절망보다 현실과 타협합니다
늘 생각은 했습니다만 산다는 게 만만치 않아
하늘 쳐다볼 여유가 없었습니다
가끔 아주 가끔, 첫사랑처럼 보고 싶어 찾아 나선 적이 있었습니다
당신은 늘 그곳에 있었겠지만
섬에서도,
산중에서도,

근시인 내 눈엔 보이지 않았습니다
오늘 우연히 쳐다본
북쪽 하늘, 거기에 당신이 있었습니다
네 번째, 그러니 가운데 별은 여전히 흐려 한참을 마음 끓였습니다
아픈 손가락이 모습을 드러내자
당신임을 알고 눈시울 붉어졌습니다
필연은 우연처럼 오는가 봅니다
잊힌 연인처럼 들뜨지도 서먹하지도 않아 좋았습니다
저무는 마음에 깃든
꿈 하나 방긋 웃는 순간이었습니다

# 대못 2

깊고 깊어
하늘도 말문을 닫았다

내 탓인 거 같아
그 흔한 눈물조차 흘릴 수 없었고

뽑히지 싶어 흔들어 보았으나
그럴수록 더 깊이 박혀 붉은 진물만 글썽이고

어미 보낸 새끼는 울 수 있지만
새끼 보낸 어미는 그조차 할 수 없으니

짐짓 딴청 피우는
하늘을 향해 원망이라도 풀어놓고 싶어도
이 또한 하늘의 뜻인가 싶어
빈 하늘만 쳐다봅니다

쉬운 말로 세월이 약이라 하나
별이 되어 만나기 전에는 뽑아내 지 못 할

대못, 어미는 살아도 산 게 아니니
하루가 천 일 같을 터

암울한 현실 속 흐르는 시간은
속절없음이라

가지런히 손 모아 읊조리는 기도는
입안에서만 맴돌 뿐

## 독립영화 3

예컨대 독립군 대장이 누구야? 라고 물으면
웬 아재 개그 하시겠죠
좀 엉뚱하면 어때
그게 사는 거지

영화, 엊그제도 봤고 오늘도 봤지 넷플릭스로, 티빙으로
오늘 본 것은 독립영화라 이마에 써 붙였기에
독립영화?
사전적 의미로 자본과 권력에서 벗어난 영화
일컬어 저예산 영화라 하나 그게 답이 아니잖아
저예산이라고
날 것으로 뜯어먹는 싸구려도 아니고

나름, 의미와 자존심은 있지

입꼬리 올라가게 하는 따뜻함이 있고
함께 눈물 흘리게 하는 해학도 있어

엎어지거나 말아먹어 아파, 아파하지만 죽을 만치는 아니지
툭툭 털고 헛기침 몇 번 하면

돈, 돈, 돈 하던 돈에서 벗어나 돈이 되지 않는
독립이니 다큐멘터리니 하는 수식어는 떼어버린, 그저 좋아하는 영화 다시 찍을 수 있을 거야

독립영화나 다큐멘터리 영화는 상업적이면 안 되는가?

'아노라'*
독립영화잖아
오스카 다섯 개 블랙잭 해서 딴 거 아니잖아

아이의 눈으로, 엄마의 마음으로, 장인의 손길로 내일이면 잊힐 삶과 그 밑바닥 소소한 이야기를 마주한다면 그 진정성은 입에서 입으로 뒷문을 열고 들어올 거야 틀림없이

가장 낮은 곳의 삶이 가장 인간적이지 않을까? 아이러니하게도,

머잖아 회귀할 거야 연어처럼
마음의 고향과 잃어버린 인간성을 찾아서

* 미국 독립영화계 대표 주자인 베이커 감독의 영화.

## 신이림 시인

필명: 신이림(본명:신기옥).
1996년 서울신문 신춘문예 동화 당선.
2011년 황금펜 아동문학상 동시 당선.
동화책: 『염소 배내기』 『싸움닭 치리』 외.
동시집: 『발가락들이 먼저』, 『춤추는 자귀나무』.

## 몽당연필

힘들었지?

멀고도 먼 길
걸어오느라.

이제는
쉬어도 괜찮아

새 연필들이
배턴을 이어받았으니까.

## 자원봉사자

흰나비 한 마리,
나풀나풀 담을 넘어오더니
노란 꽃에 앉아서 잠시,
주황 꽃에 앉아서 잠시,
보라 꽃에 앉아서는
날개를 폈다 오므렸다
한참을 머무른다.
보라 꽃에게서는
들어줄 이야기가 많았나 보다.

## 해는 힘이 세다

해는
깊은 바닷속에
가두어도

바다를 뚫고
쑤욱
올라온다

해는
깊은 산 속에
가두어도

산을 들어 올리고
쑤욱
올라온다

그까짓 거
하나도
힘들지 않았다고

환한 얼굴로
올라온다.

## 정두섭 시인

2019년 신라문학상대상.
2022년 경남신문 신춘문예.
2022년 중봉조헌문학상대상.

sd1862@hanmail.net

# 등

형편 좀 빌리자는 깨복쟁이 만나러
대낮에도 어둠침침 계단을 내려가서
안부는 무슨 안부를 서로 묻지 않은 채

무너미 국민학교 폐교된 얘기와

보름 지나 알았다는
삼식 아재 죽은 얘기와

뽕짝이 좋아졌다는 요즘 얘기 마시다가

돌아서 가는 등이 하도나 새까매서
돌아본 그가 다시 돌아서 가기 전에
캄캄한 내 등도 보여줬다, 등외 등등의 등을

## 서울, 역

사내가 부리나케
사내를 꺼내 든다

마지막 방울까지 글썽였으나 잠시 맞닿았을 뿐 어김없이 빗나갔으므로 여자는 아무렇게나 튄 사내를 아무렇지 않게 스윽 닦는다

이 역은
누구나 이역이어서
몇 시간 더 가야 한다

## 밥술

한 방에 훅 간다고 끊으라는 서신이 왔다

겨우 밥술이나 뜨고 사는 게 다 부은 간덩이 때문인데 끊지 않으면 밥술 놓는다는 말, 김거래 이접대 박상납 최권모 안술수… 친구들은 어쩌나, 여왕벌 정 마담은 또 어쩌나, 끊으면 밥술이 떨어지고 안 끊으면 밥술을 놓는다는 밥술과 씨름하다가 이면지로도 활용 못 하는 앞뒤 빽빽한 사연을 일단, 쉿! 구겨서 던진다

늦었다, 한유착 백마진과 bar 심벌에서 밥술이다

## 양현근 시인

1998년 《창조문학》으로 등단.
2009년 《시선》특별발굴시인으로 선정.
2011년 서울문화재단 창작기금 수혜.
2024년 《시선 문학상》대상 수상.
시집: 『수채화로 사는 날』, 『안부가 그리운 날』,
『길은 그리운 쪽으로 눕는다』, 『기다림 근처』
『산벚나무가 있던 자리』, 『별을 걷다』 등.

## 시간의 우물

1
길 건너 미류나무에서 풀려난 바람이
모래를 부풀려 하늘에 매단다
길은 오래된 장부처럼 발자국을 적었다가
이내 먼지로 덮어버린다

아이들은 딱지를 날리고 구슬을 굴리며
주머니 속 작은 우주를 꺼냈다 넣었다

망초꽃은 당숙 할매 흰 머리칼처럼 흔들리고
맨발은 달궈진 모래 위에서
별빛 같은 흙알갱이를 흩뿌렸다

산그림자가 한 걸음씩 내려와 저녁을 눕히면
미류나무 그림자는
어린 울음을 베고 길게 늘어졌다

그날의 웃음은 논둑 너머로 흘러갔지만
지금도 모래알 속 별처럼 깜박인다
기억은 사라지는 것이 아니라
다른 이의 시간에 스며드는 빛이었다

2
신작로 골목에
낡은 보따리를 멘 어르신들이 모여
서로의 기침을 나누었다

바구니 속 닭이 요동치고
말끝마다 흰 숨결이 흩날렸다
버스는 아직 오지 않았는데
기다림이 먼저 주름을 앉혔다

버스가 덜컹이며 사라지고 나면
햇볕 아래 그림자만 덩그러니 남았다
산그늘이 당산나무 어귀에 내려앉을 때쯤
마을의 하루는 매듭지어졌다

장날은 단순한 장터가 아니었다
살아남기 위한 예행연습,
오늘을 건너는 오래된 생의 습관이었다

3
마을 입구 느티나무는
한낮에도 돛처럼 흔들리고
그 아래 노인들은 바람 속에 말을 묶어 두었다

논두렁 무너진 사연,
이웃 허리의 통증까지
모두 느티나무 그늘로 흘러갔다

막걸릿잔은 작은 위로처럼 돌고
바랜 수건은 휘어진 세월을 닦아냈다
잠깐의 웃음 속에도
주름마다 긴 농사와 한숨이 숨어 있었다

그늘은 그림자가 아니라
세월을 잠시 눕히는 우물이었다

아이들 발소리가 스쳐 지나가면
그 우물은 파문처럼 흔들렸고
나이테마다 겹겹이 쌓인 세월은 귀가 되어
남은 이야기를 끝까지 들어주었다

4
낡은 간판을 매단 정류장 벤치에
사람들이 옹기종기 모여 앉았다
대화는 쌀값과 겨울 장작으로 일렁이다가
곧잘 자식의 안부로 흘러갔다

아이들은 길섶 흙을 파며 돌탑을 세웠다
그 돌탑은 기다림의 모양 같았다
무너져도 다시 세워야 하는 것

쉬이 버스가 오지 않는 오후,
사람들은 눈길을 먼 데로 보냈다
그림자는 점점 길게 늘어지고
버스 대신 저녁 빛이 마을을 붉게 적셨다

기다림은 어느새
빛바랜 앨범 속 오래된 얼굴처럼
조용히 희미해지고 있었다

5
운동장은 금세 거친 숨으로 들끓었다
줄넘기, 고무줄, 먼지, 땀방울
고무줄은 뱀처럼 허공을 휘돌고
웃음은 활시위처럼 튀어올랐다

맨발은 달궈진 흙 위에서 흩어졌다
먼지 속 웃음은 폭죽처럼 터지고
어린 목소리들은 종소리보다 빨리 공기를 흔들었다

땀 냄새는 햇볕에 익은 풀잎처럼 퍼져
여름 한쪽을 지워내고 있었다

종이 울리자
아이들은 파도처럼 교실로 몰려갔고
운동장은 다시 텅 빈 심장이 되었다

바람이 나뭇잎 사이로 휘파람을 불면
그늘 속 말과 웃음과 땀이 모여
하나의 여름이 되었다

## 사물의 발성법

1. 돌의 노래

돌은 혀를 감춘 지 오래다
억겁의 시간이 주름처럼 내려앉아
문드러진 속을 더욱 단단히 봉인한다

햇살이 내리면 단단한 웃음으로,
빗방울이 스미면 오래된 울음을 토해낸다

석공의 망치가 심장 근처를 쩡쩡 두드려도
강물이 맨살을 깎으며 흘러가도
돌은 부서지는 소리마저 안으로 삼킨다

어느 날 한 줌 흙으로 흩어져
순한 풀잎과 연분홍 꽃대궁을 말없이 떠받칠 때
돌은 가장 순결한 발성을 터뜨린다

굽고, 깨어지고, 부서져도,
돌의 노래는
무너짐에서 시작되고 흩어짐에서 완성된다

2. 흙의 숨결

흙은 언제나 낮은 호흡으로 말한다
발자국을 삼키고 씨앗의 잠을 덮으며
자신을 끝없이 나눈다

고요한 가슴을 열어 뿌리를 받아들이고
썩은 잎조차 고요하게 품어 안는다

비록 사람들이 천하다 손가락질해도
흙은 알고 있다
어둠과 썩음이야말로
빛을 밀어 올리는 비밀이라는 것을

흙의 울림은 드러나지 않지만
그 속에서 가장 은밀한 음성이 움튼다
알고 보면 아이의 첫울음도, 벌레의 낮은 노래도
모두 흙을 거쳐 태어난다

마침내, 인간이 흙으로 돌아올 때
흙은 말없이 지친 육신을 품어 안는다
그리고 봄의 가장 맑은 호흡을 아낌없이 불어넣는다

3. 불의 순환

불씨는 재 속에 웅크려 숨을 고른다
꺼진 듯 보이나 작은 호흡으로 자신을 지켜낸다

바람의 손길이 닿으면 다시 일어나
짧은 혀를 내밀며 몸을 키운다

세상 부럽지 않은 한순간의 붉은 축포
불씨의 언어는 타오름이 아니라
꺼졌다가도 되살아나는 옹고집에 있다

어느 외딴 시골 아궁이 짚불 속에 파묻혀도
시커먼 잿가루에 코를 박아도
가장 낮은 자세로 새날을 준비한다

잿빛 심장에서 피어나는 붉은 끈기
꺼짐의 밑바닥에서 되살아나는 음성

불씨는 사라짐을 거부하는 뜨거운 혀로
끝내 다시 발음을 시작한다

4. 강물의 문장

강물은 끊임없는 문장을 쓴다
바위에 부딪히며 굵은 마침표를 찍고
모래톱을 지나며 가벼운 쉼표를 흩뿌린다

혀끝에서 천 개의 억양을 굴려
다정한 속삭임에서 벼락 고함까지 터뜨린다

굽이마다 그리운 이름을 불러내며
낯선 마을의 꿈결을 훑고 지나간다
그러다가 잠시 머무는 순간,
언어는 썩어
강물은 스스로 문장을 덮어버린다

마침내 바다에 닿을 때
파도와 입맞춤하며
적요한 바닷속에 자신을 풀어놓는다

흘러 사라짐,
그것이 강물이 배운 가장 완전한 발성이다

5. 바람의 목소리

바람은 소리 없는 설득자다
창틈을 비집고 들어와
낡은 문풍지를 저녁 내내 떨리게 하고
풀잎 끝마다 바람의 문장을 새겨 넣는다

첫사랑, 그녀의 순한 입술을 스쳐 가며
끝내 맺지 못한 단어마저 훔쳐 간다

젖은 빨래가 마르고, 연이 날아오르고
구름이 옮겨 다니는 것,
모두 바람의 언어 때문이다

멈추는 일은 곧 사라짐이기에
쉼 없는 발걸음으로 스스로를 깨운다
태풍이 되어 분노를 토할 때조차
어릴 적 어머니 품 같은 고요를 기억한다

바람의 울림은 붙잡힘이 아니라
잡히지 않음에 있다
잡히지 않는 목소리,
그것이 바람이 끝내 남기는 메아리다

6. 빛의 소멸

빛은 태어날 때부터 자신의 소멸을 안다
불씨는 제 살을 태워 눈부심을 만들고
촛불은 허공 위에 흔들리는 필사를 남긴다

전구의 심지는 순간의 번쩍임으로
어둠의 시간을 비워낸다
별빛은 이미 꺼진 음성으로
우리 눈에 닿아 늦은 소식을 남긴다

빛의 울림은 눈부심이 아니라
꺼짐의 뒤편에서 열린다
꺼질 줄 알기에 더욱 환하고,
사라질 줄 알기에 더욱 또렷하다

빛은 자신을 태워야만 세상을 밝힐 수 있음을 안다
그러므로 빛의 언어는 희생이다

촛농이 뚝뚝 떨어질 때 방 안에 남는
달콤한 그을음 냄새,
그 순간조차 빛의 마지막 발음이다

7. 꿈의 잔향

꿈은 베개 속에 눌린 씨앗처럼
어둠 속에서 은밀히 발아한다
이성의 틈을 빠져나와 불가능한 장면을 말하고
문득 사라진 이들을 불러낸다

꿈의 언어는 부서진 파편,
의미와 무의미가 뒤섞이고 시공간이 풀려난다
그 모호함 속에서 인간은 진짜 목소리를 듣는다

꿈은 깨어나면 곧 지워진다
새벽안개처럼 흩어지지만
희미한 잔향은 낮의 언어보다 강렬하다

사라짐으로써
꿈은 비로소 자신을 완성한다

8. 구름의 언어

구름은 하늘이 품어내는 입김이다
태양 아래에선 하얀 솜털 같은 웃음으로
비를 머금으면 오래된 통곡을 흘려보낸다

흩어지고, 지워지는 문단 위에
다시 다른 구름줄을 적어 내려간다
빛을 품으면 황홀한 노래가 되고
천둥을 안으면 우레의 합창이 된다

들판은 그 발음을 받아 곡식을 익히고
목마른 풀잎은 그 음성을 마신다

깨지며, 부서지며,
새로운 모양으로 다시 태어난다
물방울이 적어놓은 낮은 문장,
그것이 구름이 남긴 언어다

9. 눈(雪)의 침묵

눈은 하늘에서 조용히 떨어진다
소리 없는 합창으로 지상의 온갖 소문을 뒤덮는다

지붕 위에, 나무 끝에,
사람들의 어깨에 가만히 내려앉으며
세상을 잠시 맑은 음계로 적신다

눈의 발성은 차가움이 아니다
녹아내리며 땅속으로 스며들 때
비로소 낮은 음으로 말을 건넨다

그 침묵이 은밀한 떨림이 되어
봄의 호흡을 한 움큼 밀어 올린다

흰 울음으로 시작해 투명한 물로 끝나는,
눈의 언어는 사라짐 속에서 완성된다

10. 그림자의 몸짓

그림자는 빛의 반대편에서
자신의 울림을 키워낸다

발걸음을 따라 낮게 깔리거나 길게 뻗으며
말하지 않고도 누군가의 몸짓을 흉내 낸다
혀 없는 그림자, 묵음으로 더 또렷하다

어느 돌계단의 고독,
불 꺼진 창가 연인의 실루엣까지
모조리 흡수해 되비춘다

밤이 와 빛이 꺼질 때
그림자는 자기 목소리마저 거둔다
그러나 부재조차 발성이 된다

없음을 말하는 음성,
그것이 그림자의 진정한 노래다
침묵해야 들리는 가장 또렷한 합창이다

11. 별의 울림

별은 먼 곳에서
이미 사라진 불꽃의 메아리로 속삭인다

늦게 도착한 빛은 더욱 순결한 울림을 품는다
별은 고요 속에서만 노래하며
밤마다 우리를 깨운다

아이의 소망도, 늙은이의 한숨도
별빛의 사전에 번역되어 남는다

별의 말은 끝내 영원에 닿지 못한다
속을 불사르지 않고서는
단어 하나조차 완성할 수 없으니
소멸과 빛남은 겹쳐 흐른다

우리가 바라보는 순간조차
이미 사라져버린 목소리,
그것이 별의 언어다

## 12. 나무의 노래

나무가 씨앗일 때는 작은 숨을 삼키고
뿌리일 때는 흙과 은밀히 대화한다
줄기는 허공에 손을 뻗고 잎은 바람과 합창한다

새들은 가지 위에 멜로디를 얹고
아이들은 그늘 아래 깔깔거림을 남긴다

나무의 울림은 그저 키를 키우는데 있지 않다
벼락이 내리칠 때,
톱날이 느닷없이 다가올 때
나무는 정적을 갈라 통곡의 나이테를 남긴다

잘린 몸통에서 다시 싹이 돋을 때
그 울림은 가장 낮은 음으로 다가온다

새싹 돋는 소리에 귀 기울이라
재가 되어 벽난로에 불을 지필 때조차
나무는 잔열의 음성으로 노래한다

그 불씨 속에서 아이의 손이 따뜻해질 때
나무는 비로소 완전한 발성을 이룬다

13. 바다의 메아리

바다는 매일 같은 단어를 수천 번 반복한다
파도, 파도, 또 파도—
그러나 단 한 번도 같은 호흡을 하지 않는다

조개껍질 속 메아리,
해조류에 얽힌 노래,
가슴 밑바닥에서 길어올린 묵음으로 빚은 합주

바다는 끝없이 말하면서도
아무것도 완전히 드러내지 않는다
모든 언어는 삼켜지고
모든 음성은 엎어졌다가 다시 일어난다

밤이면 별빛이 수면 위에
새로운 발음을 찍어내고
새벽이면 어부의 노랫소리로 다시 문장이 이어진다

끝을 모르는 울음,
그것이 바다의 언어다

14. 시간의 문법

시간은 단 한 번도 제 목소리를 낸 적 없다
그러나 모든 존재를 낡게 만드는 거대한 발화자다

초침이 똑딱일 때마다 주름이 깊어지고
아이 그림자가 길어지면 무음의 문장이 이어진다

낡은 종이에 흘린 먹물처럼
망각은 문법이 되고 기억은 지워진 얼룩으로 남는다

아침의 첫 기침, 저녁의 가쁜 숨,
낡아가는 몸의 삐걱거림,
모두 시간의 음성이다

마지막 순간,
모든 발걸음이 사라진 뒤에도
시간은 벽에 남은 그림자와
낡은 종이의 얼룩으로 문법을 완성한다

15. 도시의 서사

도시는 온종일 기침을 삼킨다
편의점 불빛에 기대 졸던 알바의 눈꺼풀,
새벽 손수레의 고단함이 골목마다 고인다

차들의 경적, 네온사인의 번쩍임,
광고판의 전광문자들이 서로 다른 언어로 소리친다
인파는 발소리로 서로의 무관심을 확인하고
골목의 바람은 자투리 대화를 훔쳐 간다

건물의 창들은 낮엔 빛으로
밤엔 불빛으로 서로를 복제한다

추운 날 가게 셔터를 여는 시린 손끝,
지하철 문이 여닫히는 순간의 떨림,
분식집 아주머니의 낮은 한숨,
술집을 나서는 노동자의 휘청거림,
택배 상자를 내려놓고 떠나는 새벽 발자국

이 작은 소란들이 모여 도시를 만든다
막차가 떠난 뒤
플랫폼은 정적을 끌어안은 채 웅얼거린다

# 시 번역 및 감상

시 감상 _ 김부회

시 번역 _ 장승규

## 김부회 시인

2011년 창조문학신문 신춘문예, 『문예바다』 신인상, 중봉문학상 대상, 문학세계 문학상(평론 부문) 대상, 모던포엠 문학상(평론 부문) 대상, 목월 문학상, 가온문학상 대상, 김포문학상, 평택디카시 공모전 최우수상, 문예바다 문학상, 계간 문예바다 편집 주간, 모던포엠 편집위원, 사색의 정원 편집 주간, 김포 신문 시 전문 해설위원, 2024 올 해의 객원 평론가 상 외 다수 수상. 시집『시, 답지 않은 소리』(러시안룰렛), 평론집『시는 물이다』, 중편 소설집『냄새』, 사람과 시 두번 째 엔솔로지 외 20여 권 동인지 발간, 전자 시집『오로라 보러가기』등 다수.

『만해 한용훈 시인의 쾌락快樂에 대한 시 감상』

## 고통과 바꾼 해탈의 본질

쾌락快樂

한용운

님이여, 당신은 나를 당신 기신 때처럼 잘 있는 줄로 아십니까.
그러면 당신은 나를 아신다고 할 수가 없습니다.

당신이 나를 두고 멀리 가신 뒤로는, 나는 기쁨이라고는 달도 없는 가을 하늘에 외기러기의 발자최만치도 없습니다.

거울을 볼 때에 절로 오든 웃음도 오지 않습니다.
꽃나물을 심고 물 주고 북돋우든 일도 아니합니다.
고요한 달 그림자가 소리없이 걸어와서, 엷은 창에 소군거리는 소리도 듣기 싫습니다.
가물고 더운 여름 하늘에 소낙비가 지나간 뒤에, 산모롱이의 적은 숲에서 나는 서늘한 맛도 달지 않습니다.
동무도 없고 노르개도 없습니다.

나는 당신이 가신 뒤에, 이 세상에서 얻기 어려운 쾌락快樂이 있습니다.
그것은 다른 것이 아니라, 이따금 실컷 우는 것입니다

만해 한용운 시인의 작품집 『님의 침묵』에 수록된 작품 중 쾌락이라는 제호의 작품은 한용운 시인이 평생 화두로 성찰하는 "님" 혹은 "깨달음"과 더불어 초월적 존재인 대상에 대하여 자신의 삶에 반추된 모습을 투영하는 것으로 읽힌다. "님"이라는 존재는 한용운 시인의 시 세계에서 정신적인 각성과 동반하는 종교적이며 철학적인 신념의 결과물이란 것을 잘 알 수 있다. 회자정리會者定離를 배경에 두었지만 회자會者보다는 정리定離에 더 방점을 둔 철학적 사고의 바탕과 의식 세계는 시대적인 흐름도 중요한 사서적 위치를 갖고 있지만 그보다 섭리燮理라는 철학적인 사고의 영향이 지대하다고 볼 수 있을 것이다. "님"의 자리에 "깨달음" "해탈" "수행"이라는 단어를 치환하면 선명하게 드러나 보일 것이다. 내가 넘을 수 없는 초월적 존재에 대한 낮은 자세의 생각은 진리를 한층 더 위대하게 만들 수 있다. 님이 가시고 난 후, 나는 아무것도 할 수 없다는 반어법을 사용하여 결론은 강한 긍정의 단어인 쾌락快樂으로 매듭지었다. 이 세상에서 얻기 어려운 쾌락을 님이 떠난 후에 알게 되었다는 말은 그 반대편 풍경을 짐작하게 만든다. 슬픔은 쾌락과 동의어라는 말과, 고통마저도 초월하는 마음의 안식을 자신에게 유도하는 듯하는 서술에서 희열의 역설逆說을 거증하게 만든다. 고통을 통한 쾌락에서 비롯된 자기 성찰의 눈빛이 한용운 시인이 세상을 보는 눈이다.

# 장승규 시인

필명: 장남제.
경남 사천 출생.
한국외국어대학 영어과 졸업.
2003년 《문학세계》로 등단.
현재: 남아공 요하네스버그 거주.
Supex Ltd 대표.
K장학재단(ww.kscholarship.com/kr/) 이사장.
시마을(www.feelpoem.com) 동인.
시집 『당신이 그리운 날은』(2003), 『민들레 유산』(2018),
『희망봉에서 그대에게』(2020) 등.

supexsam@hanmail.net / kscholar@supexgroup.com

**윌리엄 버틀러 예이츠(1865~1939)**

20세기 문학을 대표하는 아일랜드의 시인이자 극작가.
1923년 노벨문학상을 수상.

# The Lover tells of the Rose in his Heart

**William Butler Yeats**

All things uncomely and broken, all things worn out and old,
The cry of a child by the roadway, the creak of a lumbering cart,
The heavy steps of the ploughman, splashing the wintry mould,
Are wronging your image that blossoms a rose in the deeps of my heart.

The wrong of unshapely things is a wrong too great to be told;
I hunger to build them anew and sit on a green knoll apart,
With the earth and the sky and the water, re-made, like a casket of gold,
For my dreams of your image that blossoms a rose in the deeps of my heart.

## 내 마음의 장미

**윌리엄 예이츠 (번역 : 장승규)**

모든 흉하고 부서진 것들, 닳고 오래된 것들,
길가에 터지는 아이의 울음, 덜커덩거리는 수레 소리,
겨울 언 흙덩이를 밟는 농부의 무거운 발자국 소리,
이 모든 것들이, 내 가슴 깊은 곳 장미처럼 피어나는 그대 모습을 해치고 있네.

형체 잃은 것들의 잘못은 너무 커서 다 말할 수도 없네.
나는 그것들을 새로 짓고 싶어 저 푸른 언덕 위에 떨어져 앉고 싶어 안달이네,
땅과 하늘과 물을 다시 빚어 황금 보석함으로 만들고 싶네,
내 가슴 깊은 곳에서 장미처럼 피어나는 그대 모습을 담기 위해.

## 해설

1899년에 출간된 시집 『The Wind Among the Reeds(갈대 사이로 부는 바람)』에 실린 작품으로, 예이츠의 초기 상징주의적 시 가운데 하나이다. 이 시가 발표된 당시 아일랜드는 여전히 영국의 통치 아래 있었으며, 산업혁명이 진행되었음에도 불구하고 농촌은 대기근 이후의 빈곤 속에서 공동체가 붕괴되고 있었다.

이 작품은 가난과 피로, 공동체의 해체, 사회의 무심함이 드러나는 거칠고 무너진 외면 현실과 내면 깊숙이 피어나는 이상("Rose in the heart")이 충돌하는 장면을 담고 있다. 시인은 이러한 부조리한 세상 앞에서 "나는 이 잘못된 세상을 새로 짓고 싶다. 그대의 장미 같은 형상을 지켜내고 싶다"라는 마음을 읊는다.

특히, 무너진 외면 현실 속에서도 가장 가슴 아픈 장면은 길가의 아이 울음이다. 아이의 울음은 단순한 생활의 소음이 아니라, 사회의 무심함을 가장 날카롭게 드러내는 상징이다. 집 안에서 보호받아야 할 아이가 길가에 내몰려 울고 있다는 사실이, 시대의 현실을 비극적으로 전한다.

여기서 "장미"는 예이츠가 평생 사랑했으나 끝내 이루지 못한 연인, 모드 곤(Maud Gonne)을 상징한다. 그러나 그것은 단순한 사적 사랑을 넘어, 세속의 추함 속에서 끝까지 지켜내고자 한 이상과 아름다움의 상징이 된다. 따라서 이 시는 사랑의 노래이자 동시에, 무너져 가는 현실 속에서 이상을 끝내 붙들고자 한 시인의 고백이라 할 수 있다.

# 수필

최정신

장승규

양현근

김진수

정연희

## 최정신 시인

2004년 《문학세계》로 등단.
2019년 조세금융신문 《디카시》 입선.
시집: 『구상나무에게 듣다』 외 동인지 다수.

# 태양을 향해 이륙한 날들

**최정신**

고도, 11.575m 나는 이 높이가 얼만큼인지 알지 못한다. 아래로는 우랄산맥과 샤얀 산맥, 비행 계기판을 읽는다. 운명의 나침판이 허락한 아홉 시간 사십 분을 달려 태양을 향해 왔다. 쌍트페테르부르크에 착륙한 밤시간, 같은 지구 안에서 희한한 자연의 순리, 낮 열두 시 작열하는 태양이 밤 아홉 시 머리 위에 있다. 사회주의 국가의 매몰찬 기질일까? 이방인의 피로한 여정은 나 몰라라 공항의 업무는 상상을 초월하는 나무늘보였다. 비행장을 빠져나오는 시간이 무려 두 시간, 포플러 가루와 함께 사시사철 눈도 날리는 도시라 하였다. 예술과 문학이 공존한다는 자작나무를 국목으로 둔 유네스코 지정 도시에서 하루를 묵고 다시 두 시간의 하늘을 날아 도착한 코펜하겐, 공중에서 내려다본 도시는 풍차와 요트들 행렬로 평화롭고 풍요로워 보였다. 인구 60만에 공원이 36개라니, 자전거의 천국답게 자동차는 세계에서 제일 비싼 나라다. 세계 삼대 썰렁 볼거리라는 안데르센 인어공주 조각 풍광에 곁들인 수정처럼 맑은 공기와 북유럽 신화에 나오는 게피온 분수의 아름다움에 부러운 사회보장제도와 더불어 고전을 현실처럼 잘 보존시켜 관광자원으로 이용하는 그들의 삶이 부러웠다. 크리스안보그성과 예술적으로 지어진 시청사를 돌아 북해의 해안선을 따라 햄릿의 배경 무대인 헬싱키로 이동 후 스웨덴 항구도시 헬싱보리를 떠났다. 노르웨이 오슬로에서의 첫날 아! 낯선 이방인이 되어 거닐던 새벽의 거리, 코스모스와 어우러진 백야의 햇살에 주홍빛 장미가 품어내는 향기, 에메랄드처럼 반짝이는 공기를 가르는 천변 맑은 물살, 천연가스와 석유로 부자가 된 나라, 청결하고 순수하고 검소한 국민성, 태양을 사랑하는 유럽인답게 온몸을 벗고 다니는 모습들이 낯설고 신기했다. 비겔란 조각공원엔 인간의 삶과 감정은 사랑으로서 존재하고 사랑으로 귀결되어야 행복할 수 있다는 표현들을 경외의 마음으로 감상했다. 1994년 동계 올림픽 개최지 릴레함메르 언덕을 지나 오따로 이동하여 묵은 산장의 저녁, 여전히 태양은 질 줄 모르고 지상의 구름처럼 떠도는 양들의 호수를 맴도는 산책, 사람이 가까이 가도 피할 줄 모르고 새끼들과 풀을 뜯는 모습, 지구의 북쪽에서 불어오는 싸~아한 바람, 툭 건드리기만 하면 초록 물이 뚝뚝 떨어질 것 같은 공기, 꽃을 좋아하는 국민성이 돋보이는 레이스 커튼과 제랴늄 정열의 꽃송이들, 뾰족한 삼각뿔 지붕은 겨울에 많이 내리는 눈을 쓸어내리기 쉽게 착안한 지혜로운 풍경으로 엽서 속 그림이다. 생경하지만 동경했던 동화 나라에 일 인이 되어 꿈을 현실로 만들어준 라이트형제에게 새삼 경의를 드린다. 여덟 시간을 달리는 볼보 버스 여정 가이드 센스로 아바의 노래를 들으며 한없이 펼쳐지는 강 같은 호수를 끼고 펼쳐지는 평원 초록 밀밭과 노란 페인트를 쏟아 놓은 듯한 끝 모르는 유채꽃 행렬, 바이킹이 교회를 짓기 위해 13년 동안 기른 나무로 지었다는 1200년 된 롬스파클 교회가 신비로웠다. 지구 반 바퀴 거리라는 노르웨이 피요르, 그중에 가장 아름답다는 게이랑에르 헬레셀트 구간을 유람선으로 이동하는데 신부의 면사포처럼 쏟아져 내리는 폭포들을 어떤 수사로 표현한단 말인가, 세계에서 가장 크고 오래된 빙하를 만나기 위해 가는 길, 듬성듬성 만년설이 쌓여있는 산 아래로 내려앉는 안갯속을 가르며 브릭스달로 이동하였다. 커다란 진주 덩이처럼 펼쳐진 푸른 빙하 아래 자연의 경이로움 그 끝은 있을까? 날마다 유럽 북쪽을 향해 달려오니 송내 피요르 지상의 길이 끝난다. 모든 끝은 다른 시작이라 했다. 길이 끊긴 곳에서 배를 타고 물길을 또 북으로 향한다. 라르달, 속삭이듯 그림 같은 마을 정원마다 잘 정돈된 손길이 이방인의 피로를 달래주는 저녁 식탁 위 라일락 향기, 얼굴도 본 적 없는 나그네에게 베푸는 따뜻한 손길에 감사하며 문득 식솔들의 안부가 그리움으로 다가온다. 여학교 때 발레를 잠깐 배우며 좋아하던 쏠베지의 노래를 작곡한 그리그의 생가에서 사촌 여동생과 이루지 못할 비극적 사랑이 담긴 악보까지 깔끔하게 보관된 작곡 실에서 보이는 경관이 지상 어떤 언어로도 표현할 수 없는 한 폭의 그림이다. 이곳에서 노르웨이 예쁜 집들 궁금한 내부를 보았다. 베르겐, 도시 전체가 그리그 음악 선율처럼 아름다웠다. 피요르 시골 마을은 가도 가도 끝없는 크뢰단 호수를 끼고 펼쳐졌다. 푸르다. 못해 진한 청빛 물길 따라 국경을 버스로 이동해도 아무런 제재가 없어 많이 부러운 스웨덴 첫 밤의 여정을 풀었다. 북유럽 베니스라는 스톡홀름, 세계에서 가장 아름다운 7대 도시 중 하나, 멜라레호수가 도시로 흘러 발트해로 합류하는, 14개 섬이 다리로 이어진 도시, 17세기 초에 만들어진 바사호가 전투에 출정하다 백 미터도 못가 침몰하여 300년간 물속에 있던 배를 건져 관광자원으로 높은 수익을 올리고 있었다. 인구의 75%가 별장을 가지고 있으나 태양이 뜨는 계절이 짧아 우울증과 정신병 환자가 많아 인공 태양을 만들어 쓰고 있다 했다. 이민자보다 많은 우리나라 입양자들이 있다 했다. 그들의 종교 목적은 교회에 가서 기도하는 것이 아니고 한 생명이라도 구제하는 것이 종교의 목적이라 했다. 생활 자체를 종교의 이념으로 실천하는 삶을 우선순위로 한다는, 존경의 마음이 동하는 매력적인 도시였다. 2,500명이

승선할 수 있는 크루즈 실자라인을 타고 바라본 발트해의 낙조, 한 점 섬마저 허락지 않는 넓은 지평선을 향해지는 일몰을 만나며 나는 얼마나 작은 것들에 애착과 집착으로 소중한 시간들을 버렸던가? 초승달이 제 차례를 만나 다소곳이 지평선에서 얼굴을 내밀었다.
　문득 생소한 백야의 세상에서 보낸 며칠을 돌아보니 자연의 선물 중 개인적으로 가장 좋아하는 달을 잊고 있었다. 아무리 좋은 지상천국이 이곳에 있다 한들 현대 최정상 항공 교통수단이 없었다면 꿈도 꿀 수 없었을 여정, 하늘길 어둠을 안고 도착한 인천공항 비가 다녀간 촉촉한 고국의 정겹고 다디단 냄새, 제아무리 좋은 곳이 그곳에 있다 해도 사랑하는 얼굴을 마주하며 도란거릴 수 있는 조국의 땅에 무사히 착륙시켜 따듯한 보금자리로 돌아올 수 있게 해준 기장님 외 함께 비행길을 친절과 배려로 동행한 인연들 직업의식에 경의와 감사드린다.

# 운무에 떠 있는 장가계 정상에서

여행은 떠나는 것이 아니고 내게 얽힌 것들을 잠시 결별하고 나를 돌아보며 누군가가 얼만큼 그리운가를 시험하는 것이기도 하다. 내가 얼만큼 작은 것들에게 아등바등거렸던가, 이번 여행은 천년고도의 옛것과 자본주의가 지배하는 현대를 모두 다녀왔다. 몇 번의 여행에서도 그랬지만 고정관념으로 박혀있던 사회주의의 망상이 깨어지고 무섭고 거대한 경제괴물을 온몸으로 접하고 느끼고 왔다. 중국, 참으로 무서운 민족이었다. 그네가 받은 자원을 100% 활용하기 위해 혼신을 다하는 모습에서 대국의 기질이 흐르는 나라라는 생각이 깊어졌다. 항주의 서호유람은 빼어난 경치도 그랬지만 서시라는 미인이 태어난 곳이고 그 미인을 닮았다 하여 서호라 이름 되었으며 서동파가 관리를 했다는 곳이었다. 이곳의 빼어난 경치가 그를 중국 최대의 다작 시인으로 만들었다는 이야기를 들었다. 호수에 물비늘만큼이나 북적대는 발걸음들에 부러움이 앞섰다. 서호의 서쪽에 자리한 1600년의 역사를 지니고 있으며 중국 불교사와 건축예술의 집결지 영은사, 그 어마어마한 크기에 입이 다물어지지 않았다. 아름다운 차밭이 하늘의 구름처럼 펼쳐진 용정차의 본거지에서 능숙하고 세련된 손기술로 끓여주는 차 한잔은 피곤한 여정에 안식을 주었다. 부지런하고 생각을 잠재우지 않는 모습, 역사도 그들의 밥이 되었다. 너무도 초라한 상해 임시정부 자리를 중국정부가 사들여 관광을 위해 관리하고 있었다. 잠시, 무어라 말로는 형언할 수 없는 감회를 느끼며 조국의 뿌리 한쪽을 타국에서 만나는 숙연함이 가슴을 때렸다. 아마도 일생을 통해 애국가를 그토록 가슴으로 불러본 적이 있었던가 싶다. 홍구공원, 윤봉길 의사 의거 장면을 비디오 테잎으로 보여주었다. 다른 나라 의거 장면을 보존하여 해설까지 곁들여 수입원으로 이어가는 모습에서 다시 한번 그들의 상술이 세계의 으뜸이 된다는 실체를 발견했다. 내 생각이 기우일 수도 그네의 진실을 왜곡하는 것일 수도 있으나 무서운 민족이란 생각은 지울 수가 없었다. 상해, 수천 개의 빌딩 꼭대기마다 예술 조각을 하여 휘황한 샹들리에 조명을 켜 들고 있는 야경을 양쯔강 줄기 따라 유람선을 띄워 관광자원으로 이용하는 모습을 보며 서울의 명소인 한강을 저들처럼 이용하지 못하는가 하는 아쉬움이 가득했다. 중국 국내선으로 이동해 만난 장가계, 그네는 이곳을 와와관광이라 칭한다고 했다. 부족한 내 안의 언어로는 표현할 수 없는 빼어난 경관에 그저 와~와~ 할 말이 없었다. 저 장엄하고 위대한 자연 앞에 내 초라한 누옥에 다 채울 수 없는 장관, 이곳에 올 수 있음에 눈에 넣을 수 있는 풍정에 감사할 따름이었다. 어제 케이블카로 올라가 보았던 곳을 오늘은 밑쪽에서 올려다보며 모노레일을 타고 만나는 천혜의 자연 속에 일부가 되어 나 자신이 한 폭의 그림 속에 몰입되면서 독일의 기술을 불러들여 최대의 관광 수입을 얻기 위해 몸부림치고 있는 그들에게 부러운 마음이 가득했다. 자세히 기록은 못하겠지만 황룡동굴의 아름다운 풍광과 걸맞지 않은 석연치 못한 민족성과 치사한 명리로 해 씁쓸한 마음 한 켠은 세상사 어느 곳이든 양지가 있으면 음지가 있다는 결론으로 대신한다. 여행에도 저 물녘이 있어 돌아가 깃을 접을 곳을 찾을 시간이 온다. 귀향을 서두는 마음, 돌아갈 곳이 있는 기쁨, 그것도 여행 후의 또 다른 감정이다. 나는 그때를 즐긴다. 돌아가 잠시 멀리했던 내 안의 사랑을 만나는 행복, 그 안에 "시마을"이란 김이 모락거리는 동네도 자리하고 있다.

## 장승규 시인

필명: 장남제.
경남 사천 출생.
한국외국어대학 영어과 졸업.
2003년《문학세계》로 등단.
현재: 남아공 요하네스버그 거주.
Supex Ltd 대표.
K장학재단(ww.kscholarship.com/kr/) 이사장.
시마을(www.feelpoem.com) 동인.
시집『당신이 그리운 날은』(2003),『민들레 유산』(2018),
『희망봉에서 그대에게』(2020) 등.

supexsam@hanmail.net / kscholar@supexgroup.com

# 꼰대편지

**장승규**

- 할아버지가 현에게 1.2

지난번 1.1 '직업'에 대한 이야기에 이은 이야기이다.
**1. 2 '약속'에 대한 이야기**
현아!
세상이 엄청 복잡한가 싶어도
아니다.
세상을 가만히 들여다보면, 세 부류의 약속이 있다.
-개인적 약속
-사회적 약속
-자연적 약속


해가 뜨면 지고, 지면 다시 뜨고, 봄 가면 여름 오고
태어난 것은 때 되면 죽고 등,
이들은 네가 한 약속이 아니라도 그에 맞게 네가 지켜야 하고
사과는 한국 사람들끼리
apple은 서양 사람들끼리
1,2,3은 세계 사람들이
+,-,x도 세계 사람들이
이미 다른 사람들이 해놓은 약속이지만, 너는 지켜야 하고

할아버지가 하고 싶은 이야기는 이런 부류의 약속이 아니고 네가 해서 네가 지켜야 하는 개인적 약속이다.

현아!
-약속은 함부로 하지 마라.
-이미 한 약속은 반드시 지켜라.
-그래도 지키지 못할 시에는 사전에 상대방에게 통보하여 수정하거나 취소해라.

약속은 함부로 하는 게 아니다.
-내용을 충분히 검토했는가
-지킬 수 있는가
-최종행위는 되도록 늦추고 있는가

여기서 충분한 검토는
-목적에 부합하는가
-조건이 들어 있는가
-기간 개념이 들어있는가

여기서 최종행위란
-약속을 말하는 행위
-서류에 사인하는 행위
-송금하는 행위 등이다.

요청 사항이 있으면, 반드시 최종행위 이전에 해야 이루어진다.

현아!
어느 부류의 약속이든 약속을 지키는 자만이 성공한다.
지키지 못하는 자는 신용불량으로 실패한다. 어떤 경우는 감옥행이거나 최악의 경우 죽음이다.

현아!
할아버지는 네가 반드시 성공하리라 믿는다.   -계속-


(잠실에서 2024.04.19)



## 할아버지가 현에게 1.3

지난번 1.2 '약속'에 대한 이야기에 이은 이야기이다.
**1.3 '삶의 계획'에 대한 이야기**
현아!
세상 사람들이 왜 사는지
어떻게 살아야 하는지 다 알고 사는가 싶어도
아니다
세상일을 가만히 들여다보면 무엇이든 처음과 끝이 있다.
그 처음과 끝을 하나의 전체로 미리 볼 수 있다면, 왜 사는지는 몰라도 어떻게 살아야 하는지는 알 수 있단다.

그 삶의 처음과 끝을 하나의 전체로 보는 방법이 'Life Plan'이다.

할아버지는 진주고 2 때
위에 '왜?' '어떻게?'에 의문을 갖게 되었는데, 아무도 모르더라.
이훈이란 친구랑 칠암교회 목사도 만났고
최청균이란 친구와 천전성당 신부도 만났고
진주성 안에 있는 어느 절에 주지 스님도 만났다.
뭐라고들 하는데, 와닿는 게 하나 없더라. 모두 아는 척하는 것 같더라.

그래서, 계획이라도 갖고 살자 해서 인생 계획을 세우고 학교에 갔다.
며칠을 그 일로 빼먹었거든.

처음 계획은 엉성했다. 모눈종이에 그렸지.
맨 위 가로줄에 연도를 넣고, 그 아래 줄엔 나이를 넣고
세로줄엔
대학 : 서울대
돈: 액수가 기억에 없다(이자로 먹고 살 만큼이었다. 1968년 그 당시 은행 예금이자가 월 2%였다)
...: (기억에 없다)
결혼: 연도가 생각 안 난다.
자식: 하나

처음은 이 정도였던 것 같다.
물론 대학에 실패했던 것처럼 계획이 틀릴 때도 있었다.

그 이후 15년 단위로: 30세 45세 60세

그 이후 10년 단위로: 70세

그 이후 5년 단위로: 75세 80세 85세 95세

95세, 이게 할아버지 삶의 계획의 끝 해란다. 2047년이지.

가로줄에 위 단위로 연도가 적혀 있고, 그 아래 나이

세로줄은 할머니가 첨가되어 지금도 들어있고. 작은아버지가 첨가되었다가 결혼하면서 빠졌지

그 아래는 크게 둘로 나뉘는데

수입 세부 항목

지출 세부 항목

이 항목별로 가로줄을 몇 살까지 얼마로 정할까? 계획이니 네 마음대로이다.

너도 해봐라. 참 곤란하다.

예를 들어

수입 중에 사업소득을 몇 살까지 얼마로 할지

지출 중에 골프를 몇 살까지 얼마로 할지


이렇게 계획을 짜다 보면,

1. 이 세상 모든 일이 끝이 있다는 걸 미리 실감하게 되고
2. 이 세상 모든 일은 반드시 해야 할 때가 있다는 걸 미리 알게 되고
3. 오늘 하루의 의미를 진정 깨닫게 되고, 그래서 "어떻게 살아야 하는지" 스스로 알게 된단다.

할아버지는 그 이후 매 2년 1월 1일에 아직도 수정을 한다

현아!
이런 계획을 짜보고, '지금 네가 무엇을 할 때인지'
확실히 알기를 바란다

할아버지는
현아가 반드시 성공하리라 믿는다

-계속-

(잠실에서 2024.04.24)

## 양현근 시인

1998년 《창조문학》으로 등단.
2009년 《시선》특별발굴시인으로 선정.
2011년 서울문화재단 창작기금 수혜.
2024년 《시선 문학상》대상 수상.
시집: 『수채화로 사는 날』, 『안부가 그리운 날』,
　　『길은 그리운 쪽으로 눕는다』, 『기다림 근처』
　　『산벚나무가 있던 자리』, 『별을 긷다』 등.

# 여름의 한쪽

**양현근**

여름 햇살은 언제나 내 기억을 깨운다. 한낮 운동장의 흙냄새와 뜨거운 땅바닥의 감촉, 아이들이 쏟아내던 웃음소리와 작은 장난들. 그것들은 시간이 많이 흘렀음에도 지금도 내 안에서 살아 움직인다. 유년의 시간은 사라진 줄 알았지만, 어느 틈에선가 다른 얼굴로 되살아나 삶을 흔든다.

어린 시절 나에게 종소리는 자유의 신호이자 해방의 음악처럼 들렸다. 공부하기 싫어 멍하니 앉아 있을 때, 쉬는 시간을 알리는 종소리야말로 구원의 메시지였다. 교무실 옆에는 크고 묵직한 종이 매달려 있었고, 그 손잡이는 늘 유혹의 대상이었다. 어느 날 짓궂은 친구가 종을 신나게 때려보자고 나를 부추겼다. 우리는 쉬는 시간 틈을 타 힘껏 종을 쳐댔고, 종소리는 교실과 운동장을 가득 채웠다. 무슨 일인가 싶어 아이들이 우르르 몰려왔고, 우리는 세상을 열어젖힌 작은 영웅이 된 듯 깔깔 웃었다. 하지만 즐거움은 오래가지 않았다. 뒤에서 들려온 굵은 기침 소리가 우리의 장난을 멈춰 세웠다. 느릿하게 고개를 돌린 순간, 운동장 저편에서 다가오는 선생님의 그림자가 우리를 덮쳤다. 종 밑에 매달려 까르르 웃던 얼굴은 그대로 얼어붙었다.

"너희들 거기서 뭐 하느냐!"

우리는 꼼짝없이 붙잡혔다. 벌은 단순했다. 종 밑에서 두 팔을 높이 들어 올리고 종의 자세로 서 있기. 처음엔 대수롭지 않게 여겼다. 아이들이 보는 앞에서 잠깐쯤 서 있는 게 뭐 대수일까 싶었다. 그러나 시간이 조금만 지나도 팔은 납덩이처럼 무거워졌고, 어깨는 불에 덴 듯 뜨거워졌다. 단순히 팔을 치켜드는 일조차 그렇게 고통스러울 줄은 몰랐다.

수업시간도 빠져가면서 양팔을 들고 있자니 창피하기도 하고 후회스럽기도 했다. 무엇보다 점점 심해지는 통증을 견디기가 어려웠다. 친구는 슬쩍 팔을 내렸다가 다시 올리며 요령껏 시간을 버텼지만, 나는 벌은 정직하게 받아야 한다는 생각에 꼼짝도 하지 않았다. 그 순간의 벌은 분명 고통이었지만, 지금 돌이켜보면 그 고통조차 놀이의 또 다른 장면이 되어 어린 시절을 단단히 묶어주었다.

그날 이후로 나는 운동장에서 수없이 뛰었고, 계절마다 다른 소리를 들었다. 여름의 매미 울음, 겨울 찬바람에 섞여 날리던 분필 가루 냄새, 봄 햇살에 반짝이던 교실 창문. 그러나 유독 그 여름날의 종소리와 양팔을 높이 들고 있던 순간은 오래 남았다. 아마도 어린 시절의 웃음과 두려움, 그리고 땀방울이 한데 엉켜 만들어낸 가장 순수한 기억이었기 때문일 것이다. 짧은 장난과 양팔을 들고 버티던 기억은 흘러갔지만, 내 안에서는 여전히 살아 있다. 순간은 늘 사라지는 듯 보이지만, 사실은 다른 얼굴로 돌아와 오늘의 나를 흔든다. 문득 사라진 웃음소리가 귓가를 스칠 때, 나는 그것이 단순한 추억이 아니라 지금의 나를 지탱하는 뿌리임을 깨닫는다.

삶은 결국 이런 순간들의 연속일지 모른다. 그때는 그저 장난이었지만, 돌이켜보면 그 장난조차 나를 키운 훈련이었다. 두 팔을 치켜든 벌은 인내를 가르쳤고, 친구들과의 웃음은 연대의 힘을 알려주었다. 무엇보다도 한순간의 선택이 인생 전체에 중요한 의미를 새길 수 있다는 사실을 몸으로 배웠다.

나는 더 이상 종을 울릴 수 없지만, 그날의 종소리는 여전히 나를 불러 세운다. 교실도 운동장도, 그때의 풍경은 이미 저 멀리 흘러갔다. 그러나 여름 바람이 창문을 스칠 때마다, 그날의 종소리가 다시 들려온다. 아이들과 함께 신나게 흔들던 소란, 두 팔을 번쩍 들고 서 있던 우스꽝스러운 모습, 땀방울이 흘러내리던 팔의 진동까지.

비록 기억은 희미하지만, 그 모든 것은 사라지지 않았다. 그 울림은 창가의 바람을 흔들고, 내 마음 깊은 우물 속으로 번져 어린 날의 그림자를 깨운다. 그리고 내 삶의 중심에서 잊힌 듯 다시 울린다. 가끔이지만, 언제나.

## 김진수 시인

강원도 주문진 출생.
2016년 《시와세계》 등단.
시집 『설핏』 『꿈 아닌 꿈』.
동시집 『달을 세 개나 먹었다』 등.
2023년 백교문학상 수상.

# 이명(耳鳴)

**김진수**

　내 귓속에는 커다란 숲이 있고, 파랑이 일렁이는 바다가 있고, 넓은 들이 있다. 그날그날 기분에 따라 어떤 날은 숲길을 걸으며 조잘거리는 개울물 소리, 재재거리는 새들의 노래가 포함된 숲의 교향곡에 어깨를 들썩이기도 하고, 어느 날은 바닷가에 나가 찰랑거리는 파도 소리와 갈매기의 아리아에 눈물 흘리기도 하며, 어떤 날엔 들 한가운데 서서 넓은 들을 지나온 바람의 속삭임에 빙그레 웃기도 한다.

　한순간도 그치지 않는, 숨 끊어져야 커튼콜이 들릴 소리의 향연, 그 소리를 즐기기 시작한 지 25년째다. 지금도 또렷이 기억하는, 그러니까 한 세기가 끝나가는 해 10월 10일, 새벽 골프를 나갔다. 그날따라 안개가 짙어 한 치 앞이 보이지 않았다. 그해 4월 건강검진에서 혈압이 높다는 판정을 받았으니 기압이 낮아진 날은 조심해야 한다는 당부는 귓전으로 흘렸으니 네 번째 홀에 이르러 신은 첫 번째 신호를 보내왔다. 걸음이 허공을 딛는 듯한 느낌이었다. 왜 이러지, 왜 이러지, 하면서도 나 혼자만의 게임이 아닌 동반자가 있기에 라운딩은 계속되었고 후반 3번째 홀 티샷 후 말이 샜다. 두 번째 징후였다. 더는 미련 떨수 없어 라운딩을 멈추고 귀가해 집 주변 한의원에 들여 진료하는 중 몸을 가눌 수 없을 정도의 휘청거림과 말이 어눌해졌다. 한의사는 바로 큰 병원으로 가라 이르니 그날이 제2차 의료 파업이 진행되는 날이라 사방으로 연락해도 진료할 수 있는 병원이 없었다. 겨우 지인들을 총동원해 대방동에 있는 S 병원으로 갈 수 있었다. 검사 결과 뇌의 미세혈관이 막히는 뇌경색이었다. 그날 이후 내 오른쪽 귓속에 소리가 세 들어 왔다. 25년이 흐른 오늘, 이젠 세입자가 아닌 터줏대감 노릇이다.

 한쪽 귀에서 시작된 연주가 다른 쪽 귀로 옮겨 가 앙상블이 되기까지 오래 걸리지 않았다. 연주를 멈추게 하려고 여러 병원을 찾아다녔고, 우리나라에서 제일 잘 나가는 동숭동 S 대학 병원에도 가보았지만, 흔히 말하는 이명이라는 병명은 내렸으나 원인을 알 수 없기에 치료가 힘들다며 사는 데는 지장이 없으니 그냥저냥 더불어 살라 하였다.

 싫든 좋든 24시간 붙어살아야 한다. 떨쳐버릴 수 없으면 즐기라 했다. 그날그날 내 기분에 따라 음악이 되기도 하고 소음이 되기도 하지만 이젠 소리 그 자체가 내가 살아 있음의 증거다.

 다만 이명과의 동거로 인해 달갑지 않은 손님이 찾아왔으니 이름하여 노인성 난청이다. 병원에서 들은 게 있어 예견하고는 있었지만, 나이가 들수록 청력이 떨어졌다. 전 같으면 완연히 알아들을 만한 거리의 소리도 소리만 들릴 뿐 무슨 말인지 정확히 몰라 두세 번 거듭 물을 때가 일상적이다.
 특히 굵은 영역의 소리가 밍밍하다. 어느 날부터인가 텔레비전의 볼륨이 높아졌다. 아이들은 왜 그렇게 볼륨을 높이고 보냐고 속없는 소리를 해댄다. 일일이 설명하지 않아도 미뤄 짐작하더라도 부모가 나이가 들어가면 그만큼 신체 기능도 떨어져 간다는 자연의 이치를 알 만도 하련만 즈그 아버지가 언제까지나 생생한 저희 같은지 안다. 그랬으면 얼마나 좋으랴 만은 야속하게 시간은 이해를 구하지 않는다. 이러이러해서 그렇다고 설명하기도 구차해 볼륨을 낮추고 화면만 볼 때가 많다.

근래에 들어서는 아예 우리말로 나오는 연속극이나 영화, 뉴스는 보지도 않는다, 반면에 소리가 없어도 볼 수 있는 자막이 나오는 외국영화나 중국무협드라마를 주로 본다. 속 모르는 초등학생 손자는 "할아버지, 중국무협드라마가 그렇게 좋아요?"라고 물으면 나는 그저 웃을 뿐이다.

흐르는 것은 시간이지 마음은 아니니 마음은 청춘인데 몸은 시간의 때가 덕지덕지 눌어붙어 곳곳이 낡고 닳아 삐걱거린다. 바라지는 않으나 시간이 더 흐르다 보면 보청기를 끼어야 할 때가 올지도 모르겠다. 생각하면 서글픈 일이지만, 어쩌겠나 세월 앞에 장사 없으니 받아들일 수밖에 혹여 염려했던 그날이 성큼 다가올지라도 슬퍼하지는 말자고 마음을 다잡는다.

봄을 부르던 비 그치고 창을 넘어온 삼월의 햇살이 눈부시다. 한 잔 내린 커피가 향긋하고 매화 꽃망울 터지는 소리가 싱그럽다. 봄 오는 소리가 아득하여 숲은 때맞춘 봄비에 켜는 기지개가 파릇하고, 바다는 엉덩이 실룩거리며 올라오는 남풍의 콧노래에 얼씨구 어깻짓으로 장단 맞추고, 들녘엔 황소 울음소리에 놀란 바람꽃 화들짝 피고,

## 정영희 시인

2017년 〈전북일보〉 신춘문예 당선.
2017년 〈농민신문〉 신춘문예 당선.
2018년 경기문화재단 전문예술창작지원 문학분야 선정.
2023년 용인문화재단 발간지원사업 선정.
시마을 동인.
경기 시인협회, 용인문학회, 동서문학상 수상자모임 회원.

# 복병(伏兵)

**정영희**

올해 여름은 행정안전부의 폭염주의보 안내로 손전화기가 요란한 날들이 많았다.

동료 직원인 복미, 경화와 블루베리 농장에 가기로 모의를 한 날도 역시 30도가 넘는 후덥지근한 날이었다. 더위를 피해 이른 아침에 가기로 하고 준비하는 나는 챙 넓은 모자를 챙기며 마음이 들떠 있었다.

푸른 들판이 있는 농장에서 챙 넓은 모자를 쓰고 적당히 긴 원피스에 후릴 달린 앞치마를 두른 소녀가 바구니를 들고 과일을 따는 사진은 나도 그대로 따라 해보고 싶은 낭만 그 자체였다. 그 꿈같은 평소의 생각이 실현될 날이 드디어 온 것이다.

일행과 만날 장소 주소를 입력하고 내비게이션이 알려준 대로 따라가다 보니 낯 설은 수원 광교의 한 블루베리 농장이었다. 후덥지근한 날의 연속이라 걱정했는데 다행히도 보슬비가 내린다.

"2만 원만 내고 하루 종일 따가도 된다네요"

귀가 솔깃해진 우리 일행의 욕심은 2만 원어치 이상 따서 본전을 채워야 하는 사명감을 가지고 거의 전투태세로 농장에 들어섰다. 비교적 귀한 과일인 블루베리 나무가 키 높이의 산울타리처럼 늘어서 있었다.

우리가 이미 선납한 이만 원의 가치보다 더 많이 따야 하므로 손놀림이 바쁘다. 종일 마음껏 따가도 된다는 농장 주인의 말 "마음껏"에 방점을 찍고 눈에 좋다는 안토시안이 많다는 보라색 달콤한 블루베리를 따느라 모두 조용하다. 자신들의 영역을 정하고 뚝뚝 떨어져서 그 누구도 입을 열지 않았다. 가끔 이름 모를 새소리가 정적을 깰 뿐 작은 인기척도 없다.

따끔! 블루베리 과수원의 평화는 그때까지였다. 굵고 탐스러워 보이는 열매를 보고 손을 내미는 순간 따끔거림에 소스라쳐 따고 있던 열매를 팽개치고 팔을 보니 이스트를 넣은 것처럼 부풀어 오르고 있었다. 범행 현장을 뒤지듯 원인을 찾아보니 온몸이 털북숭이처럼 보이는, 수많은 침을 세우고 있는 갈색 줄기에 노랑 빛 살찐 쐐기벌레가 노려보고 있었다.

하와에게 다가온 유혹이 그랬듯이 탐스럽고 보암직도 먹음직도 한 열매가 유혹한 뒤끝은 고통과 고뇌다. 미리 쐐기벌레가 있다는 정보로 손에는 고무장갑과 몸은 긴 바지, 장화, 긴팔옷으로 무장했지만, 쐐기는 영역을 침범한 이방인의 팔을 허락하지 않았다. 옷 위로 말랑한 피부를 공격하며 쏘아댈 때 따끔거리는 통증과 함께 왔다. 소매를 걷어 올려보니 이스트처럼 부풀어 오르는 흰 팔이 연분홍 벚꽃잎을 수북이 얹어놓은 듯했다.

밝은 노랑색 쐐기벌레의 부드러운 몸짓이 음침한 공격의 날을 세우기까지 그도 생명의 위협을 느꼈으리라. 파브르의 실험에서 쐐기벌레는 먹이 앞에서도 좌우로 흩어지지 않고 선두를 뒤따라가며 대열을 벗어나지 않고 무려 6일이 지나도록 항아리 둘레만을 돌다가 결국 기진하고 지쳐서 죽어갔다고 한다.

굳이 파브르의 곤충기가 아니라도 우리네 삶이란 살다 보면 누군가를 따라가다가 적당한 곳에서 끝내지 못하는 경우를 흔하게 경험한다, 멈출 곳을 지나치는 그 초보적 생각, 또는 알면서도 욕심이 마음을 가려 '조금만 더'를 외치다가 내리막길을 치닫는 제동장치 부재의 삶을 사는 경우가 얼마나 많은가!

가야 할 목표와 주어진 나만의 인생 설계를 뒤엎으려 갈팡질팡하는 나의 선두는 과연 무엇이었을까?

쐐기 복병(伏兵)에게 쏘였다며 부풀어 오른 팔뚝을 들어 올리며 통증을 호소하며 얘기하는 내 입술도 부풀어 오르듯 내밀어져 있었다.

쐐기벌레는 온몸을 수북한 침으로 무장하고 고물거리며 앞서가는 벌레의 흔적을 그대로 따라가는 습성대로, 제 길을 따라가고 있었을 뿐인데 복병은 나 자신이라는 생각이 든다. 나만이 아니라 우리는 때때로 누군가의 복병으로 살며 마음을 쏘고 욱신욱신 가슴에 상처를 주기도 한다.

주변을 돌아보지 못하고 무작정 앞을 따라가다가 탈진해서 죽은 쐐기벌레처럼 모두가 가는 길을 따라 무한정 맴돌다 가는 사람들, "벌레 같은 세상이다." 조롱할 일이 아니다.

쐐기벌레는 고집스럽게 선두를 따라가다가도 생존해 있는 한, 공중으로 훨훨 날아올라 갈 희망이라도 있지 않은가. 나방일지라도 날개가 돋고 제 몸으로 날 수가 있으니까, 기어다니기만 하던 신분이 날기 위해서는 기필코 생존해야만 한다.

때때로 생존해야 한다는 강박관념은 밝고 맑아야 할 생각들을 음침한 복병으로 전락시킨다. 양질의 생각 크기는 우리 생존의 질을 높이고 그 생존의 원동력이 힘찬 날개를 돋게 한다.

며칠 전 시청 앞을 지나다가 청년 실업 운운하는 플래카드와 시위에 참여하는 수많은 젊은 사람들을 보고 한심하다는 생각이 들었다. 외국

근로자들은 한국을 기회의 땅으로 여기고 들어와 일자리 천국이라 여기는데, 정작 한국의 젊은이들은 일할 곳이 없다고 투정을 부리니 그 생각 다름이 안타깝다. 양질의 생각으로 좀 더 폭 넓게 앞을 본다면 화이트면 어떻고 블루칼라면 어떤가? 화이트칼라만을 인정하고 자랑스러워하는 사회 분위기에서 벗어나지 않는 한 누구나 쐐기벌레의 원형에서 벗어날 수가 없다.

 아직은 한국이 기회의 땅이라는 인식과 우리 스스로가 복병으로 사는 일이 없기를, 원형 행렬을 쫓아가는 것에만 급급하다가 먹이를 옆에 두고도 지쳐 쓰러져버린 쐐기벌레로 살아가지 않기를 조심스럽게 외쳐본다.

# 평론

김부회

## 김부회 시인

2011년 창조문학신문 신춘문예, 『문예바다』 신인상, 중봉문학상 대상, 문학세계 문학상(평론 부문) 대상, 모던포엠 문학상(평론 부문) 대상, 목월 문학상, 가온문학상 대상, 김포문학상, 평택디카시 공모전 최우수상, 문예바다 문학상, 계간 문예바다 편집 주간, 모던포엠 편집위원, 사색의 정원 편집 주간, 김포 신문 시 전문 해설위원, 2024 올 해의 객원 평론가 상 외 다수 수상. 시집 『시, 답지 않은 소리』 (러시안룰렛), 평론집 『시는 물이다』, 중편 소설집 『냄새』, 사람과 시 두번 째 엔솔로지 외 20여 권 동인지 발간, 전자 시집 『오로라 보러가기』 등 다수.

# 시는 발견이다

**김부회**(평론가)

　시를 쓰면서 자주 듣는 말 중 하나가 발견이라는 말이다. 발견이라는 말은 미처 보지 못했던 사물이나 알려지지 않는 사실을 찾아낸다는 의미일 것이다. 우리말의 발견을 다소 포괄적이지만 영어의 발견은 좀 더 구체적으로 발견이라는 것에 대한 정의를 내리고 있다. find, detect, discover 등등 발견을 의미하는 단어마다 제각기 미묘한 다름을 갖고 있다. 예를 들어 discover는 미지의 것을 발견하는 것을 의미하고 find 는 아주 우연히 만나는 행위, 조우라는 말과 비슷하며 타동사이며 동시에 수동태의 모습을 갖고 있다.

　엄격한 의미로 볼 때 발견이라는 것은 없던 것에서 새로운 창조를 의미하기보다는 기존 존재하는 사물이나 현상에서 지금껏 생각하지 못한 철학, 모습, 행동 양식, 배경 등에 대한 새로운 시선을 의미하는 것이기도 하다. 새로운 시선이란 정형화되거나 일상적이거나 타성에 젖은 관점이 아닌 전혀 다른 각도의 시선이다. 현대시에 있어서 가장 중요한 것은 소통이지만 그 이전에 선행되어야 할 것이 발견이다. 모두가 같은 시선을 갖고 같은 그림을 그린다면 복제의 범주에서 절대 가볍지 않을 것이다. 새로움은 어떤 의미에서 발견이라는 말과 일맥상통한다. 고정관념이 아닌 기성의 관념을 배제한 발견은 시를 좀 더 윤택하게 만든다.

  시에서의 발견은 영어 단어의 여러 의미처럼 구분해 생각할 필요가 있다, 시는 단순하게 보이는 것을 기록하는 일기문이나 서술문이 아닌, 생명이 있는 표현력이 주가 되는 문학 장르이기 때문이다. 생명을 구성하는 단위는 세포부터 시작해서 혈관, 심장, 동맥, 근육, 지방 등등의 여러 구성요소가 존재한다. 동일하게 시를 하나의 생명으로 간주하면 시 속의 소재, 배경, 풍경, 감정, 상상력, 메시지 등등의 각 요소가 약동하고 존재하고 역할이 서로 다르기 때문에 한 편의 좋은 시를 얻기 위해서는 요소마다 시인의 개별적 시선이 존재해야 시적 생명력을 부가하게 되는 것이라고 볼 수 있다.

  아이가 보는 시선과 어른이 보는 시선의 키 높이는 분명 다를 것이고, 화자의 직업이나 환경에 따라 보이는 현상의 깊이와 다발성, 시인성, 우연성은 분명 다를 것이다. 중요한 것은 시적 정서일 것이다. 외모가 약간 비슷한 사람은 있어도 정확히 일치하는 같은 사람은 세상에 없다. 시에서는 약간의 비슷한 점이라도 적극적으로 배제하고 개성이 좀 더 부각되는 방향으로 글을 지어야 할 것이다. 동양인은 동양인을 구별하기 쉽지만, 서양인은 동양인을 구별하기 매우 어렵다. 같은 경우, 동양인이 서양인을 구별하는 것도 같은 크기의 어려움을 갖고 있다. 다른 환경, 다른 세계의 시선이란 이처럼 미묘한 서로 간의 간극을 갖고 있다, 그 간극을 해소하기 위한 노력이 시를 좀 더 내 색에 맞는 좋은 시를 짓는 시작법이라고 할 수 있을 것이다. 개성이 없는 시는 읽기 힘들다. 무엇을 말하는지 무엇을 쓰려고 하는지 소통이 어렵다.

반면, 시인의 고유한 시선이 느껴지는 작품은 몇 번을 읽어도 즐겁다. 시인이 발견한 것을 독자가 독자의 깊이로 느끼고 공유할 때 시는 시다운 시가 될 것이며, 살아 움직이는 생동력을 제공하는 것이다. 물론 모든 시가 발견이라는 명제를 갖고 있고 그것을 부정할 수 없다. 하지만 그 발견의 정도가 아메리카 대륙을 발견한 콜럼버스의 달걀은 아닐지라도 그 발견의 흔적이 깊은 사유를 통과한 소산물이 된다면 시는 시를 떠나 하나의 창조이며 철학적 가치를 지닌 아름다운 명상의 주춧돌이라는 생각을 들게 한다. 그런 관점에서 몇 편의 시를 소개한다. 시를 읽으며 시인이 발견한 가치와 관점, 그리고 그것들이 기존의 고정적인 편견이나 정착된 보편의 속성을 탈피하려고 얼마나 노력했는지에 대한 초점을 맞추고 감상해 본다.

절을 올린다
오지 않는 잠을 청하기 위해
흰 벽을 마주 보고
땀 젖은 몸을 굽혔다 세우다 하다 보면
나는 나에게 절을 하고 있다는 생각이 든다
언젠가부터 나는
나를 믿지 못하고
이 세상을 믿지 못하고
내 영과 혼은 자꾸 나를 떠나려고 하니
내 속의 어떤 절을 향해 무릎 꿇고
공양을 올린다는 생각이 든다
그럴 때마다 나는

세상에서 내가 가장 서럽고
세상에서 내가 가장 두렵고
이미 죽은 자의 영혼이 그립고 그리워서
무릎이 잘 굽혀지지 않는데
찬 마룻바닥에 댄 이마가
잘 떼어지지 않는데
누구일까, 어느새 내 곁에서
손과 발을 가지런히 모으고
나보다 더 공손하게 절을 올리는
저 사람은

-「절 -전동균」 전문 인용

 나는 나에게 절을 하고 있다는 생각이 든다/내 속의 어떤 절을 향해 무릎 꿇고/공양을 올린다는 생각이 든다/나보다 더 공손하게 절을 올리는/저 사람은

 위 행에 주목해서 시를 읽으면 알게 된다. 절이라는 것은 종교적인 의미를 떠나 사실은 내게 나에게 절을 하고 있다는 것. 절에 대한 의미를 새삼 새겨보게 되거나 혹은 경건해지는.

바지랑대 높이
굵은 밑줄 한 줄 그렸습니다
얹힌 게 아무것도 없는 밑줄이 제 혼자 춤춥니다
〈

이따금씩 휘휘 구름의 말씀뿐인데,
우르르 천둥번개 호통뿐인데,
웬걸?
소중한 말씀들은 다 어딜 가고

밑줄만 달랑 남아
본시부터 비어있는 말씀이 진짜라는 말씀,

조용하고 엄숙한 말씀은
흔적을 남기지 않는 것인지요

잘 삭힌 고요,

쏬의 말씀이 형용할 수 없이 깊어,
밑줄 가늘게 한 번 더 파르르 빛납니다
      -「밑줄 -신지혜」 전문 인용

 하늘에 높게 걸린 바지랑대, 그것을 허공에 굵게 그은 밑줄이라는 것. 그 밑줄은 조용하고 엄숙한 말씀은 흔적을 남기지 않는다는 것으로 시인 자신의 깊은 사유를 정리한 글,

 /쏬의 말씀이 형용할 수 없이 깊어,/ 바지랑대→밑줄→쏬의 말씀으로 전개한 시인의 시적 발견이 대단히 흥미롭다.

발견의 주체는 분명 '나'라는 주체이지만 동시에 '너'라는 객체이기도 할 것이다. 널리 알려진 김춘수 시인의 「꽃」 한 구절처럼 내가 너의 이름을 불러주었을 때 비로소 존재가 형상화된다. 그 발견 대상의 길섶 들풀 하나라도 내가 보고 느끼고 감동하며 들꽃이 바람에 출렁거리는 것에서 삶의 한 단면을 유추해낸다면 그것이 발견일 것이며 시인만의 특색 있는 표현을 통해 시적 발견이라는 웃음 걸친 또 다른 하나의 생명이 된다는 것을 말하고 싶다. 주제에 붙여 시를 선정했다. 나름의 각도를 지닌 채 독자에게 선명한 메시지를 던져주는 시편을 감상해 본다. 첫 번째 작품은 김성진 시인의 「갈등」이라는 작품이다.

삼도천 입구에서
나는 날마다 계산기를 두드리고 있다
오답과 정답의 차이는 타인과 나의 경계

엄마의 이전에서 지금으로 구분되어진 것처럼
지금과 다음의 경계일 뿐
하나에다 둘을 더한 거나 둘에다 하나를 더한 거나
단철에 관한 칸트와 흄의 오답과 정답은 똑같다

다만 내가 아닌 주변인에게
비움을 알려주는 과정을 가지지 못한다는 차이

사랑은 죄악이고 무관심은 배려이지
집착에서 헤매는 세상의 헛것들이지만

내가 모를 나의 흔적을 아름답게 그려두려고 휘파람을 분다

얼굴을 진하게 그릴수록 냄새가 짙어질 거야
탯줄과 분리를 하고부터
사는 것은 냄새를 만든다는 것
미리 뿌려둔 그들의 냄새는
향이 없는 낯익은 냄새라 코끝이 심심하다

짙은 향기를 남긴 어떤 이의 흔적을 읽을 땐
한밤중 휘파람을 다시 분다
현재에 쓰는 계산기의 =를 누르면 오답=정답으로 나오고
미래에 쓰는 계산기의 =를 누르면 냄새라고 적힌다

-「갈등 -김성진」 전문 인용

 갈등은 葛藤이다. 칡과 등나무라는 뜻으로 서로 복잡하게 얽히는 것과 같이 개인이나 집단 사이에서 의지나 처지, 각자의 이해관계가 상충해 충돌을 일으키는 것을 말한다. 더불어 자신의 내면에 있는 자아와 또 다른 자아의 충돌로 발생하게 되는 개연성 있는 괴로움, 모순 등의 감정을 말하는 단어다. 심리학적으로 갈등은 동기를 제공하는 자극이 감소하고 다른 자극이 증가하여 그에 대한 새로운 적응기가 필요할 때 생기는 본연의 감정을 이야기한다. 어려운 말보다 한마디로 정리하면 심리적 불안감이라 말할 수 있을 것이다. 김성진 시인의 갈등은 갈등이 발생하게 된 원인을 찾는 과정을 현재와 미래라는 공학적 계산을 염두에 두고 고민한다. 사회가 확장적일 때 인간은 도태되기 마련이

며 도태는 심리적 불안을 야기하게 된다. 다만, 현재의 불안이 현재라는 오답으로 인정할 것인지 미래라는 정답으로 수긍할 것인지에 대한 문제는 시인 자신이 아닌 독자 개개인의 의식 속에 질문으로 던져주는 방식을 택했다.

지금과 다음의 경계일 뿐
하나에다 둘을 더한 거나 둘에다 하나를 더한 거나
단철에 관한 칸트와 흄의 오답과 정답은 똑같다

오답과 정답은 지금과 다음의 경계일 뿐이라는 발견이 신선하다. 나름의 의미를 부여한 현재에 대한 미래라는 답의 공식 전개 방식이 진부하거나 타성적이지 않다.

탯줄과 분리를 하고부터
사는 것은 냄새를 만든다는 것/
향이 없는 낯익은 냄새/
미래에 쓰는 계산기의 =를 누르면 냄새라고 찍힌다/

그 수상한 냄새의 근원은 무엇일까? 필자는 이전에 필자의 습작소설 「냄새」의 도입부를 이렇게 끌고 간 적이 있다. 누구나 냄새가 난다. 나만의 냄새. 그 냄새의 근원은 탯줄에서 비롯된 것이지만 결국은 내가 묻히고 더하거나 하는 것이다. 그것이 갈등의 원인이라면 원인이겠다. 탄생과 죽음은 내가 어쩔 수 없는 부분이다. 갈등은 내가 해소하지 않으면 해결되지 영원히 해결되지 않을 때가 많다. 타인에게 비롯된 것이든, 내 속의 깊은 곳에 있는 또 다른 나에게서 비롯된 것이든, 해결의 요체는 바로 '나'라는 존재라는 것에 대한 시인의 메시지가 또렷하다.

시를 읽거나 쓰면서 느끼는 점은 시는 불편하지 않아야 한다는 점이다. 당위성을 담보로 한 보편타당한 소재에서 시인만의 색으로 채색한 메시지를 짓는 일. 그것을 시적 발견이라고 명명하고 싶다. 시의 배경을 만드는 것. 그것은 자신만의 발견에서 시작한다.

# Stay with me till the morning

-영화 Out of Africa의 배경 OST 모차르트의 클라리넷 제2악장 아다지오를 편곡/클라리넷

영화 Out of Africa는 명장 시드니 폴락이 메가폰을 잡고 파란 눈이 매력적인 로버트 레드포드와 청순한 이미지와 팜므파탈적 이미지를 동시에 소유한 메릴 스트립이 주연을 한 영화이다. 영화의 개괄적인 줄거리는 다음과 같다.

덴마크 출생의 아이작 디네센이 아프리카 케냐에서 보낸 생활을 영화화한 작품으로 막대한 재산을 소유한 카렌(메릴 스트립)은 심각하게 생각하지도 않고 아프리카 생활을 막연히 동경해 친구 블릭센(클라우스 마리아 브랜다우어)과 결혼을 약속한다. 결혼한 이후 커피 농장 문제로 자주 부부 싸움을 한다. 어느 날 광활한 초원에 나갔다가 사자로부터 공격받는데 이때 데니스(로버트 레드포드)의 도움을 받는다. 이후 두 사람은 가까워지고 남편과의 사이는 갈수록 멀어진다. 결국 카렌은 남편과 이혼하고 데니스에게 결혼을 요청하지만 자기만의 자유를 만끽해 온 데니스가 지금 그대로가 좋다고 하자 미련을 뒤로 한 채 그곳을 떠나기로 결심한다. 카렌을 배웅하기로 한 데니스는 오지 않고, 돌아온 것은 비행기 추락으로 인한 허망한 그의 사망 소식을 접하는 것으로 영화는 막을 내린다.

일면에서 보면, 별것 아닌 타성에 젖은 시나리오라고 볼 수도 있지만, 서구적 문화 환경에서 볼 때, 백인과 흑인, 유럽과 아프리카 대륙이라는 상관관계에서 볼 수 있듯, 정복과 피정복자에 대한 인종적 갈등 역시 내포하고 있는 다양한 색깔의 영화라고 볼 수 있다.

아프리카 케냐의 광활한 사바나 초원을 배경으로 제작된 작품으로 아프리카의 낭만적인 아름다운 광경이 잘 나타나 있는 영화이다. 비록 결혼과 커피 농장은 실패하지만, 평생 소중히 간직할 수 있는 추억과 아프리카에 대한 애착 및 역경을 극복한 여성의 모습 그 자체가 아름답다. 감독 시드니 폴락은 독자적인 색깔을 고집하지 않는 평소 자신의 영화 세계를 그대로 보여주고 있다.

주지하다시피, 영화는 아프리카를 배경으로 만들어진 영화이기 때문에, 사바나의 일몰과 누우떼가 초원을 찾아 이동하는 풍경 등, 생명의 외경에 대한 장엄한 장면들이 주를 이루고 있다고 볼 수 있을 것이다. 특히, 영화의 백미라고 볼 수 있는 자연과 어울린 풍광 속에서 여주인공 카렌과 남자 주인공 데니스의 일종 사랑 여행이 주는 감각은 영화를 보는 사람의 마음에 한 편의 향수 내지는 막연한 동경을 안겨주기도 한다.

여주인공 카렌이 아프리카의 가이드로 분장한 로버트 레드포드를 우연히 만나는 것에서부터, 카렌이 홀로 초원에서 사자를 만나게 되고 데니스가 카렌을 구하게 되는 운명적 만남, 조금씩 사랑을 하면서 데니스는 여자에게 만년필을 주고, 축음기를 주고, 나침반을 주게 된다.

만년필과 축음기와 나침반의 세 가지 물건이 시사하는 바는 매우 크다고 볼 수 있다. 여자는 아프리카의 멋진 사바나 초원을 배경으로 하여 모차르트의 음악을 듣고, 길도 없는 길에서 나침반으로 길을 찾고, 삶에 대한 자신의 느낌을 글로 썼다.

남자의 장례식을 치르면서 카렌[메릴 스트립]이 자작시를 낭독한다.

이제 우리와 함께했던
'데니스 핀치 해튼'의 영혼은
우리를 떠나갔습니다.
그는 우리에게 즐거움을 주었고
우린 그를 깊이 사랑했습니다.
우린 그를 소유하지 못했고
저 역시 가질 수 없었습니다.
만약 내가 아프리카의 노래를 안다면,
기린들과 그들의 등위에 떠 있는 아프리카의 달
그리고 들판의 쟁기들과
커피를 따는 땀에
젖은 얼굴들의 노래를 안다면
아프리카는 나의 노래를 알까?
내가 강렬하게 느꼈던 색깔들이
평원의 대기에서 피어오를까?
아니면 아이들이 내 이름으로 놀이를 만들어낼까?
아니면 보름달이 떠올라

내가 걸었던 자갈길 위에
나 같은 그림자를 드리워줄까?
- 영화 「아웃 어브 아프리카」 중 대사 일부 인용

위, 인용한 시에서 영화가 표방하는 메시지를 모두 읽을 수 있을 것이며, 이를 정리하면 다음과 같은 말로 대신 할 수 있을 것이다.

[카렌은 머리(reason)의 상징이고 데니스는 마음(heart)의 상징 즉, 카렌은 스프릿(sprit)의 소유자이고 데니스는 소울(soul)의 소유자이다.]

이 영화의 주제가 되는 배경음악은 모차르트의 클라리넷 제2악장 아다지오를 편곡한 음악이다. 영화 중간중간에 등장하는 이 클라리넷의 중저음과 고음을 넘나드는 음역대는 환상적이다. 어느 때는 아프리카 초원 사바나의 달을 보는 듯 몽환적이기도 하고, 사냥을 마친 사자 가족의 하품이 들리는 저녁노을을 연상하게 하기도 한다. 때론 초원을 질주하는 누우떼의 지축을 울리는 두두두 소리가 깔리는 것 같기도 하는 팔색조의 음악이라는 생각을 지울 수 없다, 로버트 레드포의 파란 눈과 마주하는 듯 한 착각을 일으키거나, 메릴 스트립의 중년의 아름다움이 향수병을 갓 나온 향수 같은 향을 주기도 한다.

모차르트가 유일하게 남긴 클라리넷 협주곡이며, 모차르트 최후의 작품이기도 한 이 음악은 A 장조이며, 3/4 박자이다. 사람이 가장 편안하게 느낀다는 박자와 가장 선명하게 들린다는 A 장조, 그리고 클라리넷이라는 악기의 만남은 장중한 스케일의 영화 속 자연의 아름다움을 웅장하면서도 서정적인 감동을 더 해주는 것 같다. 미국의 유명한 팝 가수인 도나 썸머가 편곡해서 부르기도 했다.

 일반적으로 영화는 스케일이나 주제에 따라 많은 음악을 삽입해서 감동을 극대화 한다. 하지만 영화를 떠나 삶의 어느 한 부분에서 볼 때 역시 음악의 역할은 지대한 몫을 갖는 것 같다. 가령 홀로 운전하고 가는 어느 가을, 일몰의 저녁에 운전석 차장에 노을이 지고, 마침 라디오에서 오래된, 잊고 있던 유행가 한 자락이 우연히 나온다면, 우린 갓길에 차를 멈추고 잠시 오래전 회상에 잠길 수도 있을 것이다. 그 회상의 순간은 우릴 잠시 행복하게 하거나 추억에 잠기게 하거나, 사랑했던 시절의 한 토막을 꺼내게 한다. 어쩌면 행복이란 자주 있는 이벤트가 아니라, 잠시의 한때에 젖는 것 아닐까 싶다. 만일 음악이 없다면 다만 노을을 보며 아름답다는 것 이외의 다른 회상을 떠 올릴 수 있을지? 떠 올리더라도 그것은 배경음악이 더 해진 풍경보다는 감정이 덜 차오를 것이라는 생각을 한다.

 나는 지치거나 힘들 때면 이 음악을 듣는다. 클라리넷의 배경 너머에 나를 위로할 그 무엇이 존재할 것 같다. 가본 적 없는 사바나의 초원과 누우 떼의 장엄한 이동을 머리에 그린다. 로버트 레드포드의 파란 눈 같은 가을을 본다. 메릴 스트립의 이지적인 얼굴에 손을 대 본다. 잠시 의자에 길게 몸을 누이고 내 지나온 삶에 대해 반성하거나 살아갈 생의 시간을 짐작해 본다. 그건 나만의 행복 만들기이다. 영화가 기억에서 잊힐 때쯤 영화의 배경음악은 영화를 다시 살려내고, 내 삶을 좀 더 윤택하게 한다. 상상만으로도 가끔은 행복해진다.

# 소설

허영숙

장승규

양현근

## 허영숙 시인

2006년 《시안》으로 등단.
2016년 부산문화재단 창작지원금 수혜.
2018년 〈전북도민일보〉 소설부문 신춘문예 당선.
시집: 『바코드』 『뭉클한 구름』 등.

# 꿈꾸는 정물
- 내 친구 밥 와이트에게

**허영숙**

서울에 잘 도착했어. 오마하에는 아직 비가 내리는지 궁금하군. 이번 비가 아니었다면 자네도 지금쯤 서울 하늘 아래 있을 텐데 말이야. 물에 잠긴 농장을 복구하려면 한 달을 진흙과 사투를 벌여야 하는데 벌써 걱정되는군. 자네의 땀으로 일군 농장인데 하늘이 도와주지 않는 것 같아. 하지만 이런 일 있을 때마다 자네는 "늘 무료로 주는 햇살이 나를 먹여 살렸는데 하늘이 드디어 내게서 세금을 걷는군" 하며 굳건히 일어섰지. 2018년이었어. 출장 다녀오는 비행기에서 내려다보고 깜짝 놀랐지. 며칠 내린 비에 오마하의 많은 농장과 집이 물에 잠겼더군. 자네 농장도 무사하지 않았지. 그런데도 자네와 가족들이 진흙밭에서 다시 일군 농장을 보며 굳건한 생명력에 찬사를 보내고 싶었어. 나라면 여러 번의 수해에 다시 일어설 의지를 잃었을 텐데 말이야. 좀처럼 좌절하지 않고 극복하는 힘은 어디서 나오는지 궁금했어.

이번에 혼자만 한국에 오게 되어 아쉽군. 물론 자네는 함께 가자 했을 때 한국이란 나라는 가 보고 싶지 않을뿐더러 궁금하지도 않다고 했지. 그런 자네를 설득하는 과정이 만만치 않았어. 겨우 설득해 한국행을 결정했는데 날씨가 도와주지 않는군. 하지만 밥, 어렵게 결정한 마음만큼은 다시 접지 않기를 바라네.

밥, 어젯밤 늦게 도착해 못 본 서울을 보기 위해 한강에 나갔어. 마침 벚꽃축제 중이라 오전부터 사람들로 붐비더군. 이렇게 많은 사람이 붐비는 곳에 섞여 있는 것도 오랜만이었지. 그들은 꽃 앞에서 사진을 찍고 보고 웃고 또 찍고 하며 들떠 있었어. 날리는 벚꽃 사이에 사람들의 웃음도 섞여 날리더군. 모두가 행복한 표정이었어. 나도 그들에게 떠밀려 거리를 걸었지. 오마하에서는 좀처럼 볼 수 없는 희고 조그만 잎들이 바람 불 때마다 머리 위에 분분하게 쏟아져 내렸어.

  서울은 30년 전 재외 대학생 모국 연수 프로그램을 통해 왔었지. 그때 내가 본 서울은 지금과 달랐어. 연수에 참여한 이유는 한국에 대한 호기심보다 누군지 모르지만 나를 낳아 준 사람의 나라를 한 번쯤 보고 싶어서였어. 단체버스를 타고 데려다준 곳에서 해설사의 설명을 들으며 한국이 이런 나라구나 하는 데서 내 방문의 의미는 끝났지. 일행들은 한국에 도착하거나 떠날 때 피의 끌림이라 말하며 복잡 미묘한 감정 속에 갇혀 있더군. 나는 한국이란 나라에 피가 뜨거워지지는 않았어. 그건 내가 입양아이기 때문일 거라고도 생각했지. 그리고 한국 어딘가에 있을 생물학적 부모에게 나와 연결되지 않을 권리 그리고 잊을 권리를 주고 싶더군.

  30년 전만 해도 한국 사람들은 지금처럼 행복해 보이지 않았지. 적어도 내게는 그렇게 보였어. 또 모르지, 일부러 그렇게 보려고 노력했을지도 말이야. 하지만 지금은 건물, 사람들 표정, 도시 스타일, 사람들 스타일 모두가 그때와 무척 달라졌어. 오마하도 많이 달라졌지만, 그 속도는 한국만큼은 아니라고 생각해. 과거에 비해 매우 풍요로워졌다고 말하면 설명이 될지도 모르겠어. 거리는 식당이 즐비하고 TV 채널을 돌리면 온통 먹는 방송뿐이지. 먹을 게 넘치는 나라가 되었더군. 자네와 내가 이런 시절에 태어났더라면 미국으로 입양되는 일 따위는 없었을 거란 생각이 들었어. 예순의 나이가 가까워져서야 입양아라는 사실이 슬프더군.

밥, 어제는 늦게까지 잠이 오지 않아 호텔 라운지에서 술을 마시며 소음과 빛으로 채워진 서울을 봤어, 자네 생각이 나더군. 나는 태어나 바로 입양되어 그런지 한국에 대한 궁금증도 낳아준 부모에 대한 그리움도 없지. 왜냐하면 사람을 알아보기 시작할 무렵부터 성인에 이를 때까지 나를 지켜준 건 파란 눈의 양부모이기 때문이지. 발견된 날이 생일이고, 보육원에서 붙여진 김이라는 성이 한국에서의 내 뿌리라 할 수 있지, 내가 가진 것 중 가장 한국적이지만 가장 쓸모없는 한국적인 것이 '김익수'라는 내 한국식 이름이야, 입양아 모임에는 본명이 김으로 시작되는 사람이 많았어. 그들 대부분은 이름도 출생한 날짜도 모르는 사람들이었어. 슬픈 일이지. 하지만 아홉 살 때 입양된 자네는 나와 달라. 자네는 태어나고 자란 곳 그리고 생일도 기억하고, 무엇보다 어머니의 얼굴과 이름을 알고 있다는 사실이야. 그건 나 같은 입양인들에게는 부러운 일이 아닐 수 없지.

"그건 자네 생각일 뿐이야. 차라리 모르는 게 나을 수도 있어!"라고 말할 게 뻔한 자네 표정이 떠오르는군. 아직도 궁금해. 부모에 대한 정보도 있는데 왜 오래도록 찾아가지 않았는지 말이야.

자네를 처음 만나던 날이 기억나는군. 인종에 관한 정체성 때문에 힘든 사춘기를 보내고 있을 때였지. 군인이었던 양아버지를 따라 오마하에 왔어. 그때 교회에서 우리 처음 만났지. 그 당시만 해도 오마하에는 한국인 입양아들이 거의 없었어. 한국인뿐이겠어, 유색인종이 많지 않았지. 인종차별이 심하더군. 그런데 교회에서 내 또래의 동양인 소년을 보고 반가웠어. 처음엔 중국인인가 했지. 아무렴 어때하며 반가움에 내가 먼저 말을 걸었지. 자네도 또래의 동양인인 내가 반가웠는지 수줍게 인사를 받아주더군. 그런데 무려 같은 한국인이었어. 나도 모르게 자네를 와락 끌어안았지. 자네는 눈만 멀뚱거리며 뻣뻣하게 서 있다가 나를 밀어냈지만. 곧바로 친구가 되었지. 우리가 친해졌을 때 "내 이름이 왜 '밥' 인지 궁금하지 않아?" 하고 자네가 물었어. "'밥'이라는 이름이 어때서. 밥 딜런도 이름이 '밥'이지!"라고 말하는 내게 자네는 피식 웃으며 "내 이름 '밥'은 아주 특별해"라고 말했지. 그리고 나는 알았어. 한 사람의 이름을 의미도 없이 고민도 없이 짓는 일도 있다는 걸 말이야. 당시 아홉 살의 한국 이름 임병욱이었던 자네에게 양부모가 세 개의 이름을 주며 골라라 했지. 이름이란 탄생의 표식이자 내 존재를 담는 집이라 할 수 있지. 그리고 그 사람의 일생을 지배하므로 아이가 태어나면 좋은 이름 짓는 일에 부모는 고민하지. 그런데 고르라고 하다니 말도 안 되는 얘기였어. 심지어 입양한 개 이름도 골똘하게 고민한 후 짓지. 나를 슬프게 한 건, 자네가 고른 이름의 이유였어. 세 개의 이름 중 '밥'이라는 이름이 낯설지 않아 골랐다는 그 이유 말이야. 자네에게 미국은 낯선 땅, 낯선 언어를 쓰는 나라였지. '밥'이란, 세 개의 이름 중 유일하게 친숙한 단어였고 당시 가장 간절했던 단어였고 아홉 살 아이에게 태평양을 건너게 한 단어였지. 나도 입양아지만 좋은 양부모를 만났어. 살면서 입양아라는 사실이 나를 슬프게 하거나 불행하다고 생각하게 한 적 없었는데 자네 이름의 의미를 들었을 때 우리의 처지에 울컥하더군. 맞는 말이야. 우리가 입양을 온 건, 밥 때문이라는 걸 알아. 입양인들 대부분이 먹고살기 힘들어 밥이라도 실컷 먹고 살기 위해 여기까지 온 거니까.

　감상은 이쯤에서 접기로 하지. 서울을 더 돌아보고 싶지만 내가 한국에 온 목적인 경주 열암곡 마애불을 보고 난 후 차차 할 예정이야. 물론 못 온 자네를 대신해 자네 어머니도 찾아볼 거고,

밥, 서울에서 경주까지 기차로 약 2시간 조금 넘게 걸리더군. 내려가는 동안 한국의 산을 봤어. 오마하에는 높은 산이 없어 그런지 한국의 산세는 무척 흥미로웠지. 기차가 산의 내부를 여러 번 통과하기도 하더군. 30년 전 왔을 때도 산은 그 자리 그대로 있었겠지만, 이번에는 다르게 느껴지더군. 나이 탓이라 해두지. 자네는 아홉 살에 입양되었으니, 한국의 산을 기억하겠군. 여긴 연두의 계절이야. 기차가 달리는 동안 연두가 연두를 낳는 모습을 보는 것 같았어. 경주역에 도착해 도심으로 들어서니 묘한 기분이 들더군. 검은색 기와지붕, 담벼락들 서울 모습과는 전혀 다른 느낌을 주는 도시였어. 이렇게 아름다운 곳에서 살았다니 갑자기 자네가 부러운 생각이 들더군, 자신의 산실을 안다는 것은 우주를 가지는 것과 같다고 생각해. 그것만으로도 축복인데 그곳이 이토록 아름다운 곳이었다니! 자네는 내가 가진 것이 많다고 말하지만, 자네가 더 가진 것이 많다는 생각이 들어. 나는 보육원 입소 당시의 자료가 소실되어 내가 태어났던 마을의 지붕과 길섶 그리고 담벼락이 어떤 모습인지 아무것도 모르는 백지상태의 고아였어. 이곳에 오니 그동안 궁금하지 않았던 내 뿌리에 관한 질문들이 생기더군.

불국사 근처에 호텔을 잡았어. 큰 호수가 내려다보여. 오늘은 경주의 밤 풍경을 보고 내일은 아침 일찍 남산의 마애불을 만나러 갈 예정이야.

밥, 여긴 숨어 있기 좋은 둥근 원통 속에 웅크리고 있는 것처럼 편하게 느껴지는 도시야. 최근 계속 불면의 연속이었는데 어제는 모처럼 잠이 잘 오더군. 남산에 가기 위해 화구를 챙겨 아침 일찍 나섰어. "고작 그런 걸 그리기 위해 18시간을 날아 한국에 간다고?"라며 자네가 의아해하던 그 일을 나는 지금부터 할 예정이거든.

열암곡 마애불을 바로 세우는 프로젝트에 관한 기사를 보고 입불 전 마애불의 모습을 내 화첩에 담고 싶었지. 열암곡 마애불을 처음 만난 건 2007년 파리 지사에서 근무할 때였어. '5cm의 기적'이라는 제목의 열암곡 마애불에 관한 기사를 르몽드지에서 읽고 놀랐지. 지진에 무너진 불상을 살린 그 5cm에 나는 주목했어. 다른 불상의 불두를 찾다 발견된 우연에 놀랐고 천년을 엎드려 있었지만 상하지 않은 온전함에 놀랐지. 그건 기적이었어. 하지만 내 관심은 거기서 끝났지.

불상에 관심을 가지기 시작 한 건 네팔에 갔을 때였어. 당시 나는 완전하게 채색된 그림보다 연필로 선을 쌓아 그리는 소묘에 빠져 있었지. 흑과 백 음영의 무게로만 표현하는 연필소묘는 준비도 간단 하지만, 그리는 맛이 있어 매력적이었어. 언제든 마음에 닿는 정물을 만나면 꺼내 그릴 수 있도록 가방에 화구를 넣어 다녔지. 화구래 봐야 스케치북, 굵기가 다른 연필 몇 자루, 지우개, 면봉이나 천 따위에 불과했지만 가볍게 배낭에 넣어 다니며 언제든 꺼내 그림을 그릴 수 있지. 처음 소묘에 관심을 가지기 시작했을 때는 주로 석고소묘나 인물 소묘를 했지만, 점점 정물 소묘에 빠졌지. 화병이나 사과, 오래된 고성과 같은 정지된 사물을 그렸어, 어느 순간 감흥이 없어지더군. 내 화첩의 그림들을 보다가 지루함을 느꼈지. 그저 보이는 사물에 불과한 존재들 뿐이었어. 모든 취미가 그러하듯 점점 내가 그리는 대상이 시들해지더군. 한동안 그림을 그리지 않고 있었지. 그 취미에 다시 불을 붙인 건 네팔 여행에서 만난 한국인 여행자와 함께 룸비니의 대성석가사에서 같이 하루를 묵으면서였지. 그가 낯선 경험이 될 거라 말했지. 사람들이 먼 나라 네팔까지 와서 정물에 불과한 불상에 쉬지 않고 엎드려 절을 하더군. 그리고 그 앞에 좌정하고 앉아 밤새 주문을 외며 기도하는 모습을 봤어. 나도 한국인 여행자를 따라 좌정하고 앉아 불상을 봤지. 처음 접한 민간신앙의 의식 같아 보여 자리가 불편해지더군. 그냥 나와 버렸어. 한국인 여행자가 새벽 예불 시간에도 참여해 보라고 했어. 비루한 생이라 여겨질 때, 불상 앞에 앉으면 영혼이 맑아진다는 말도 덧붙이더군. 다음 날 새벽예불 시간에 그 한국인과 함께 법당에 좌정하고 앉았어. 스님과 같이 절하는 사람들 옆에서 그들을 지켜보다 눈을 감았지. 두드림에 불과하던 목탁음과 생경한 언어로 읽어주는 불경 소리를 듣고 있는데 이상하게 마음이 편해지더군. 눈을 뜨고 불상을 오래 바라봤어. 그런데 지금껏 가져본 적 없는 묘한 기분이 느껴졌어. 마음에 웅덩이가 생기고 웅덩이 물에 비친 내 그림자를 고요히 바라보는 느낌이라 말하면 설명이 될지도 모르겠네. 그리고 대성석가사에 하루 더 머물면서 불상이 왜 사람들에게 평온을 주는지 그려보기로 했어. 종교가 없는 내게 불상은 누군가 신앙을 위해 만든 정물일 뿐이지만 그날 본 불상은 느낌이 달랐지. 불상 앞에 초를 켜고 향을 피우고 무릎을 문질러 가며 절하는 사람들이 있어서만 그렇게 느낀 건 아니었어. 수백 줄의 선으로도 그릴 수 없는 오묘한 느낌이 약간의 소름과 함께 서늘하게 다가오더군. 구석에 자리 잡고 바로 스케치북을 꺼내 불상을 그렸지. 하지만 쉽게 그려지지 않았어. 보인다고 바로 그릴 수 없는 정물도 있었어. 오래 들여다보고 교감해야 완성되는 정물이 바로 불상이었지. 사람들은 왜 정물일 뿐인 불상 앞에 엎드려 절하는지 궁금했는데 그 '상(像)'이라는 거 말이야, 거긴 그들이 기원하는 메시지의 통로가 되는 존재였어. 자신의 간절한 메시지가 누군가를 통해 전해진다고 꿈꿀 때, 아니 믿을 때, 비로소 이해되는 행위였어. 첫 느낌을 담아 스케치를 마친 후 나도 그들과 같은 자세로 엎드려 절을 해봤어.

어릴 때 양부모를 따라 교회에 다녔지만, 대학에서 진화론과 우주론을 공부하며 종교의 부질없음을 느껴 무신론자가 되었지. 아, 오해 말게. 대성석가사에서 불상을 그리다 깨달음이 생겼다 해서 내가 종교를 가지게 된 건 아니니까. 이후 불상만 그리기로 마음먹은 건 메트로폴리탄 미술관의 반가사유상을 본 이후였어. 기억나?. 그 불상의 소묘를 보여주었을 때 자네가 "뭐가 특별해? 한국 불교의 오래된 문화유산에 불과한 거 아닌가!"라며 시큰둥하게 말했지. 교회에 다니는 자네에게는 이해되지 않는 취미일 수 있지. 하지만 불상을 스케치하기 시작하고부터는 불상을 볼 때마다 각각 다른 감정이 느껴졌어. 동세와 비율이라든지 걸친 옷의 매무새 그리고 불상의 눈빛이 주는 감명은 그릴 때마다 다르게 느껴지더군. 내가 이번에 한국에 오게 된 것도 그 이유 때문이었어. 경주 남산의 열암곡 마애불, 그러니까 아주 오래전 르몽드지에서 읽었던 기적의 마애불을 바로 세운다는 기사를 보고 무조건 한국행을 결정했지. 엎드린 마애불을 바로 세운다니 이건 엄청난 일이라는 생각이 들었어. 천 년 전의 온전한 모습을 만나는 일이지. 그 소식을 접한 날부터 가슴이 두근거리더군. 마애불을 바로 세우기 전 '5cm의 기적'을 직접 보고 내 화첩에 담아 두고 싶었지. 이유는 그뿐이야. 오늘은 드디어 그 마애불을 직접 만나는 날이지.

밥, 나는 지금 흥분해서 잠이 오지 않는군. 오늘의 첫 만남을 누구에게라도 떠들어야 이 흥분이 가라앉을 것 같아.

화구를 챙기고 차를 한 대 빌려 남산으로 향했지. 주차장에서 표지판을 먼저 봤어. 800m를 가면 열암곡 마애불이 있다는 그 표지판, 표지판만 보는데도 심장이 두근거렸지. 돌계단을 밟아 올라가니 바위가 듬성듬성 박힌 흙길이 이어졌어. 숨이 차긴 했지만 힘들지 않았어. 가는 길에 만난 소나무들, 바위틈에 핀 진달래, 돌보지 않아도 저절로 피어나는 모든 생물이 아름다워 보이더군. 종교인은 아니지만 신성한 누군가를 만나러 갈 때는 그곳까지 가는 길에 있는 모든 사물에 저절로 긍정의 의미가 부여되지. 천천히 흙길을 밟아 올라가니 햇살을 받는 석불좌상이 먼저 보였어. 기사에 의하면 마애불도 지진에 없어진 석불좌상의 불두를 찾다 우연히 발견되었다고 해. 큰 바위인 줄 알고 그동안 사람들이 모른 채 지나쳤다고 하니 이 발견은 얼마나 대단한 일인가 말이야. 가까이에 철제 펜스와 유리로 둘러쳐진 보호각이 먼저 보였어. 처음엔 큰 바위만 보이더군. 제단에 목탁이 놓여 있었고 측면에는 사람들이 차례대로 엎드려 바위 밑을 보고 있더군. 기적의 마애불이 거기 있었어. 심장이 두근거렸지. 나는 혼자 온전히 보고 싶어 멀리 떨어져 그들이 참배를 마치고 돌아가기를 기다렸어. 비로소 혼자 남았을 때 나는 천천히 마애불 앞으로 갔어. 큰 바위 아래 어둑한 공간! 마애불이 거기 엎드려 있었어. 35도 경사지에서 천년을 견딘 마애불 말이야. 석불좌상과 다르게 햇살도 거의 들지 않는 바위 그늘에 엎드려 있었지. 둥근 옆얼굴, 그리고 바닥과 닿기 직전인 코끝, '5cm의 기적'이 거기 있더군. 조금만 더 아래에 닿았다면 우린 온전한 마애불을 볼 수 없었을 거라는 생각에 기적이란 말이 실감 났어. 마애불을 그리기 위해 갔지만 함부로 그릴 수 없었어. 다만 오래 바라보고만 왔지. 다른 어떤 불상이나 석불보다 열암곡 마애불은 화폭에 함부로 담으면 안 된다는 생각이 들었어. 내려오는 동안 몇 번이고 뒤를 돌아봤어. 뭉클한 마음이 주차장까지 따라와 차 안에 오래 앉아 있었지.

밥, 오늘은 아침부터 비가 내리고 있어. 경주는 마치 오래된 고서 한 권이 물에 젖은 듯한 풍경이야. 한 열흘 아무것도 하지 않고 머물러 있어도 좋은 도시야. 이런 곳이 자네의 고향이라니 부럽군.

　어머니 소식을 알기 위해 자네가 살았다던 화산리에 갔지. 자네가 해준 설명과 다르게 화산은 고깃집과 식당이 즐비했어. 아홉 살의 기억으로부터 얼마나 많은 시간이 흘렀나, 어쩔 수 없는 일이지. 어른들은 마을의 도서관이자 역사 교과서니, 어머니를 아는 사람이 있을 것 같아 경로당으로 갔어. 어르신들이 모여 있더군. 오래전 이곳에 살던 '오순례'라는 어르신을 아는지 물었어. 안강에 살다 임 씨라는 분과 결혼해 화산리로 왔으며 살아있다면 여든 중반쯤 되는 나이라 말했어. 어르신들이 각자 자신의 기억을 소환하더군. 다행히 '안강댁'이라는 어머니의 택호를 기억하는 할머니가 있었어. 이름은 모르지만, 그 당시 안강에서 시집온 여자는 자네 어머니 한 사람뿐이었다더군. 키가 작고 얼굴이 둥글고 피부가 하얀 편이었다고 옛 모습까지 기억하고 있었지. 그건 자네가 기억하는 어머니 모습과 같아 자네 어머니가 분명하다고 생각했어. 아버지가 남의 집 논에 농약 쳐주는 일을 하다 돌아가셨다는 자네의 기억도 맞았어. 어른들이 드디어 생각난 듯 자신들의 아주 오래된 기억에 있는 자네 어머니에 대해 말해주더군. 자네는 어머니가 쉬운 재혼하기 위해 아들을 버린 것으로 알고 있지만 그건 아니었어. 그리고 자네가 몰랐던 자네 아버지에 대해서도 말해주었지. 자네 아버지는 6·25 때 가족과 헤어져 피난민 대열에 섞여 홀로 이곳 화산까지 왔다고 해. 요즘에는 없는 종살이, 남의 집 일을 해주며 살다 자네 어머니와 결혼했다더군. 자네 어머니 또한 청각장애가 있는 홀어머니와 살았고 결혼해 이곳 화산으로 왔다고 했어. 남편이 죽고 허드렛일하며 아들과 겨우 연명하며 살았다더군. 이웃들이 아들은 보육원에 보내고 재혼이라도 하라고 종용했으나 어머니는 끝내 자네를 품고 살았다고 했어. 그러나 자네가 아홉 살 되던 해 장티푸스에 걸렸고 본인 몸도 제대로 추스를 수 없는 지경에 이르렀다고 해. 어느 시절인들 힘듦이 있겠지만 그때는 한국이 매우 어렵게 살던 시절 아니었나!. 이웃도 도움을 오래 줄 수 없던 때였지. 몸이 쇠약해져 일할 수 없었고 하루 끼니를 걱정해야 할 만큼 힘들었다고 했어. 아들을 굶길 수 없으니, 보육원에 보내면 국가에서 먹여준다 해서 자네를 보육원에 보냈다고 했어. 그리고 조금 아픈 이야기지만 자네를 보육원에 보내고 나서 오래 슬퍼해 몸이 더 안 좋아졌다더군. 어느 날 걱정된 이웃이 어머니를 보러 갔는데 뒷마당 감나무 아래 신발을 벗어 놓고 자신을 매달려고 하고 있었다더군. 다행히 이웃 덕분에 목숨을 건졌다니 어머니는 살아계신 게 분명해. 이를 불쌍하게 여긴 이웃이 아는 절집의 공양간에서 일할 수 있도록 해줬다고 하더군. 하지만 그 이웃이 이미 돌아가시고 없어 어느 절이었는지는 기억하지 못한다고 했어. 자네 어머니는 쉬운 재혼을 위해 어린 아들을 버린 게 아니었어. 작은 흔적이라도 찾았으니 얼마나 다행인가. 살아있다면 반드시 만날 거라 믿어. 그러니 어머니에 대한 오해와 원망은 내려놓게.

밥, 농장이 복구되어 간다니 다행이군. 손해가 크겠지만 우리는 살아있는 것의 힘을 믿지 않는가. 사람이든 식물이든 살아있다면 반드시 다시 일어서게 될 것이라 믿어. 나라면 번번이 앓아누웠을 텐데 자네는 넘어져도 다시 일어서는 힘을 내게 보여주었지. 여러 날 계속 내린 비에 말문을 잃고 주저앉았다가도 바로 일어나 드러누운 옥수수단을 긁어모으며 말했지.

"내겐 하늘이 신앙이자 협업자야. 가끔 나를 고난의 바다로 몰아세우는 것 또한 하늘의 의지이자 아무도 자신의 생을 흔들 수 없도록 자신을 길들이는 훈련을 시키는 거지. 나는 어릴 때부터 몸의 고통에는 긍정적이었어. 오늘의 좌절은 또 어제의 것이 되기도 해. 불안과 슬픔을 통과하지 못한 사람만 주저앉는 거야. 그 사실을 어릴 때 알았어. 사람은 마음의 고통이 크면 죽음을 생각해. 마음이란 한없이 쇠약하지. 그러니 이까짓 물의 범람 따위에는 포도주 한 병이면 견뎌. 몸뚱이가 진흙에 박히고 발바닥이 갈기갈기 찢어져도 이 농장을 다시 일으킬 거야. 햇살을 봐, 공평하게 힘이 되어 주는 건, 저것뿐이야. 그러니 다시 일어설 수 있는 거야!"

자네의 말은 무척 인상 깊었어. 자네는 나보다 훨씬 나은 인간이라고 생각했지. 자네의 집엔 죽은 식물의 화분 따위는 없지. 어항의 물고기를 죽이거나 부서진 울타리도 그냥 두지 않았어. 자네의 몸은 초침을 따라 움직이는 것 같았어. 사람들은 부지런한 자네를 동력 없는 트랙터라 했지.

오늘은 지난번 보고 오기만 했던 마애불을 그리러 가는 날이야. 처음 마애불을 뵈러 갈 때 흥분과 기대로 가득했다면 오늘은 신중하게 다가가 볼 생각이야. 그린다는 말도 불경스럽지. 이토록 함부로 연필을 들 수 없는 대상은 처음이군. 참, 자네 아내와 딸들에게 어떤 선물을 가져가면 좋을지 알려주길 바라네. 한국적인 거면 좋겠어.

밥, 열암곡 마애불을 그리고 왔어. 마침 아무도 없어 몰입하기 좋았지. 석공이 바위를 깨 마애불을 세우기 전에 연장을 닦고 날을 세우듯. 스케치북을 꺼내고 몇 자루의 연필을 수행하듯 천천히 깎았어. 그리고 지우개도 가늘게 저며 두었어. 마애불 가까이 다가갔어. 바짝 엎드려 기대했던 5cm의 기적을 천천히 느끼기 시작했지. 펜스로 인해 세밀한 부분까지 볼 수 없지만 이미 내 마음에 마애불의 모습이 충분히 들어와 있었어. 많은 생각이 드는 순간이었지. 눈을 감고 산 아래 비탈 어디쯤 큰 바위에 마애불이 서 있던 시절의 모습을 먼저 상상했어. 몸의 동세와 시선에 집중했지. 그리고 지진으로 절리 되어 엎어졌을 당시를 떠올려 봤어. 지진으로 많은 사람이 다치고 터전이 무너졌겠지. 그 와중에 마애불은 고통에 무너지지 않고 견뎌내라는 메시지를 사람들에게 주고 싶었을 거야. 그래서 마애불도 간당간당한 차이를 두고 안간힘으로 버텼을 거라는 생각이 들어 마음이 경건해졌어. 메시지가 느껴져 스케치를 시작했지. 느낌을 놓치고 싶지 않아 한 줄 한 줄 선을 쌓으며 신중하게 그려 나갔어. 1차 형태 소묘가 끝나고 한걸음 물러서서 마애불을 다시 봤어. 그늘이 있는 부분, 어두운 부분에 연필을 눕혀 선을 쌓아 명암을 넣었어. 어둠 속에서 더 짙은 어둠을 품고 있는 부분이 느껴졌지. 모든 정물은 서 있을 때보다 넘어져 있거나 깨져 있거나 상처를 입었을 때 더 그리기 힘들어져. 단순하지만 단순하지 않은 자세를 지닌 마애불을 관찰하며 천천히 그렸지. 음영과 세밀한 묘사를 했어. 가까이 다가갈 수 없어 부식 상태나 세월의 흔적을 정확하게 그릴 수 없었지만, 석공이 정과 망치로 평범한 바위를 깨고 두드리고 깎아 마침내 마애불을 여기 세울 때의 마음으로 집중했어. 그림자 하나도 놓칠 수 없었어. 보이는 것과 보이지 않는 오감이 함께 맞닿은 순간 1차 스케치가 끝났어. 오래 기다리던 일을 반쯤 해낸 느낌이 들어 가벼운 마음으로 내려왔어. 그리고 내일은 자네 어머니를 찾아 가까운 절집을 돌아다녀 볼 예정이야.

밥, 어젯밤 화를 내서 미안해. 자네 어머니를 찾아주고 싶은 내 마음을 알아주지 않는 것 같아 화가 났어. 어머니란 존재가 그다지 애절하게 그리운 건 아니니 안되는 걸 애써 찾을 필요가 없다는 무심함을 보이는 그 태도에 화 났지. 내가 설득은 했지만, 자네가 어머니를 찾기 위해 한국에 오기로 마음먹은 건 그리움이 남아 있기 때문이라고 생각했지. 그런데 못 찾아도 상관없다고 말하는 매정함을 견딜 수 없었어. 말하지 않았나. 아들이라도 밥 먹고 살게 하려고 보육원에 보냈다고!, 그런데 시큰둥한 반응, 소극적 태도, 나는 그 태도에 실망했었어. 낳아 준 사람인데 왜 어머니를 조금도 이해하려고 노력하지 않는지 그 지점에서도 화 났지. 처음엔 그랬지. 하지만 그동안 마음에만 담아 두었던 자네의 긴 이야기를 듣고 조금은 이해되었어. 자네가 어머니나 한국이라는 나라에 왜 그토록 많은 증오심을 가졌는지를 말이야. 우리는 오래도록 친구였는데 지금에 이르러 속마음을 열어 보이다니 섭섭하군. 힘들었던 유년을 진작 말했더라면 내가 자네를 오해하는 일은 없었을 텐데 말이야.

　아들로 입양했지만, 실은 일꾼이 되어 줄 사내아이가 필요해서였다는 말을 듣고 놀랐어. 물론 그런 입양아들도 있었지만 대부분 파양되거나 스스로 집을 나와 버리지. 그런데 자네는 양부모 그리고 두 명의 누나와 교회에 열심히 다니며 아주 단란한 가족의 모습을 보여주었지, 심한 학대를 당하며 사는 줄 눈치채지 못했어. 그 사실을 친구인 내게도 말하지 않고 마음속에 담아둔 자네도 대단하다는 생각이 들어. 그리고 자네 몸의 흉터, 어릴 때 다친 흉터라 했지만 그게 학대로 생긴 흉터라니 힘들고 고단했던 시절이 느껴지더군. 밥 먹고 살기 위해 온 어린아이에게 소나 돼지가 먹는 음식을 주다니 자네 부모님은 정말 두 얼굴의 인간이 분명해. 그리고 기억하고 싶지 않은 소년기를 다시 떠올리며 울분에 차 있던 목소리가 수화기 너머로 충분히 느껴지더군. 자넨 말했지.

"증오가 때로는 힘이 되기도 했어. 쓰레기 같은 음식도 증오와 함께 씹어 먹으니 먹을 만하더군. 어른이 되기도 전 내가 배운 건 증오였어. 양아버지를 향한 분노에서 나를 버린 어머니를 향한 증오로 이어지더군. 채찍을 덜 맞기 위해 옥수수밭으로 도망쳤지. 양아버지가 술에 취하면 거기까진 못 찾거든. 어두워지고 양아버지가 잠들기를 기다렸어. 쪼그리고 앉아 하늘을 보니 달이 떴더군. 달을 향해 피투성이 내 몸을 열어 보였지. 그리고 말했어. '어머니 보세요, 당신 아들이 여기서 이렇게 살고 있어요!'라고 말이야. 독수리가 매일 맨살을 쪼아 먹는 듯한 고통이 이어지는 것 같아 죽어 버리고 싶은 날도 있었지만, 남의 땅에 버려놓고 관리하지 않는 한국이라는 나라에 그리고 어머니에 대한 증오가 살아가는 힘이 되었지!"

빨리 청년이 되고 몸에 근육과 힘이 생겨 양아버지에게 대항할 수 있는 어른이 되는 게 소원이었다는 자네의 외침은 처절하게 와 닿았어. 내가 인종에 대한 정체성에 대해서만 고민하며 사춘기를 보낼 때 자네는 죽음을 생각할 정도의 고통 속에 사춘기를 보냈다니, 자네가 왜 그토록 어머니란 존재에 대해 분노했는지 이해되었어. 알지도 못하면서 내 잣대로 자네를 원망해서 미안하더군. 그리고 마지막에 울먹이며 한 말에 자네의 진심을 느꼈어. 어머니가 그리워져 울게 될까 봐 슬플 때마다 물구나무를 섰고, 시간이 갈수록 잊혀 가는 것들이 무서웠다는 그 말 말이야, 그러니까, 아홉 살까지 채록된 고향의 풍경, 냄새 그리고 남의 집 포도밭에 일하러 갔다 온 어머니가 점심으로 준 수수떡을 안 먹고 손수건에 싸서 가져온 기억까지도 말이야. 더 무서운 건 어머니의 윤곽과 냄새가 기억으로부터 점점 지워지는 거였다는 그 말, 그 말이 마음 아프더군. 그리고 별로 관심 있어 하지 않는 나에게 한국말을 가르친 것도 실은 한국말을 잊어버리지 않으려고 대화할 상대가 필요해서였다는 말에서 자네의 진심이 느껴졌어. 아닌 척했지만, 자네는 어머니와 한국을 그리워하고 있었어.

이런 말 해도 될지 모르겠지만 자네를 학대한 양부모와 누나들이 자네만 두고 휴가 갔다가 참변을 당한 것도 어쩌면 신의 형벌이라 생각이 들어. 양부모도 부모인데 이런 말 하는 나를 용서하게, 하지만 오늘은 화가 나서 자네 양부모에게 욕이라도 하고 싶은 날이야. 사람들 앞에서는 착한 농부의 모습을 하고 집에 와서 자네에게 몹쓸 짓을 하다니 용서할 수 없네. 자네는 어머니를 찾지 않아도 상관없다 말했지만, 나는 자네를 위해서라도 반드시 찾아볼 생각이야. 그러니 말리지 말게.

밥, 어머니 소식을 알기 위해 오늘은 경주에 있는 절 몇 군데를 돌아봤어. 물론 단서는 안강 출신 오순례라는 것과 천북 화산에 살았다는 사실 뿐이지만, 우리의 간절함이 힘을 보탠다면 조금씩 나아지지 않겠나 싶었지. 경주에 있는 큰 절부터 가봤어. 역시 큰 절에서는 자네의 어머니를 아는 분이 없었지. 세월이 많이 흘렀고 연세가 있으니 자네 어머니를 아는 사람 중 돌아가신 분도 많지 않겠나. 그러나 실망하지 말게. 그리고 나에게 미안해하지도 말게. 나는 자네 어머니를 핑계로 절집 돌아다니는 일이 새롭고 즐거워. 일주문에서 시작해 대웅전까지 마치 성지 순례하는 느낌이지. 그러고 보니 자네 어머니 함자도 순례 아닌가. 순례를 찾아서 순례하다니 이건 마치 나에게 주어진 운명 같은 일이란 생각이 들어. 이러다 나도 종교를 가지게 되는 건 아닌지 모르겠어. 사람마다 모습과 지닌 표정이 다르듯 절도 비슷하게 생겼지만. 분위기가 달랐어. 절집 툇마루에 앉아 대웅전의 꽃살문과 바람이 흔들고 가는 풍경소리를 감상하는 것도 즐거운 일이었어. 지금은 새벽 한 시, 부지런한 자네는 농장에 나가 있을 수도 있겠군.

밥, 오늘 자네 어머니 아는 분을 만났어. 경주 시내를 벗어나 외곽에 있는 절 몇 군데를 가봤지. 역시 아는 사람이 없었어. 더 먼 곳에 있거나 아니면 돌아가셨을지도 모른다는 생각에 심란하더군. 마지막으로 감포라는 곳에 가봤어. 그런데 이상하게도 예감이 좋았어. 감포로 넘어가는 길의 산 너머에 무지개가 떴더군. 오늘은 뭔가 소식을 얻을 수 있을 것 같다는 희망이 생겼지. 길음사라는 아름다운 절이었어. 오래된 돌담과 돌계단이 많아 무척 좋았어. 하지만 종무소에서는 어머니를 모르더군. 여기 계시지 않았다는 말이지. 밥이라도 먹고 가라 해서, 공양간에서 늦은 점심을 먹었어. 마침 공양간에서 일하는 분들이 모여 있어 넌지시 물어봤어. 오순례라고 화산에서 왔으며 아주 오래전 공양간에서 일했었을지도 모른다고 말했지. 혹시 기억하는 사람이 있을까 물어봤지만 기대는 하지 않았어. 그분들의 나이가 그리 많지 않아 보였거든. 모른다고 했어. 너무 오래된 일이라 그럴 수 있다고 생각했고 어머니 나이가 이미 팔순 넘었으니 공양간 일은 오래전에 그만두었겠다고 생각했지. 그런데, 바로 옆에서 식사하던 노스님이 "오순례라 했소. 천북 사람?" 하고 말했어. 반가운 마음에 "예 스님 맞아요. 천북 화산 사람!" 큰소리로 대답하며 노스님 맞은편에 앉았지. 스님은 아무 말 없이 밥을 몇 술 더 뜨시더니 숟가락을 놓으셨어. 그리고 입을 헹구더니 나를 빤히 바라보며 "어떤 사이요. 아들이요?"라고 물었어. 스님은 이미 아들이 있다는 것도 알고 있더군. 아들 친구이며 아들은 미국에 살고 있다고 했어. 이번에 그 친구가 함께 나와 어머니를 찾기로 했는데, 농장이 수해를 입는 바람에 함께 오지 못했다고 말했지. 그 노스님이 행자 생활을 하던 절에서 자네 어머니와 함께 있었다고 했어. 처음 절에 왔을 때 자네 어머니는 속이 텅 빈 채 고꾸라진 한겨울 갈대처럼 몸이 바싹 말라 있었고 제대로 서 있지도 못해 자꾸만 몸이 한쪽으로 기울었다고 했어. 마침 옆방에 기거했는데 밤이면 우는소리가 밖으로 새어 나와 갓 출가해 마음을 잡지 못하고 있던 스님의 속까지 후벼 놓아 벽 하나를 사이에 두고 서로 울었다더군. 장티푸스를 앓았다는 사실도 기억하고 있었어. 그 후로도 몸이 좋지 않아 노스님과 당시 주지스님께서 많이 보살폈다고 하더군. 아홉 살 아들을 보육원에 보냈다는 말도 했어. 자네 어머니가 분명했어. 그 절에서 노스님과 같이 공양간에서 생활하며 서로 많이 의지하며 지냈다 하더군. 자네 어머니는 매일 새벽마다 삼천 배를 하며 부처님 앞에 엎드려 아들의 행복을 빌었다 했어. 틈날 때마다 염주를 굴리느라 어머니의 엄지손톱은 늘 닳아 있었다더군. 어떤 날은 절하다 쓰러진 적도 있다 말하며 그토록 간절하게 기도하는 사람은 그 이후로도 본 적 없다고 하시더군. 노스님은 이후에 다른 절로 갔고 어머니 소식은 모른다고 했어. 아들이 찾아온다 하니 다행이라며 좋아하셨어. 어머니의 법명이 수연보살이라는 것을 알아냈으니 얼마나 다행인가. 내일은 어머니가 처음 계셨다는 절에 가 볼 생각이야. 너무 오래전 일이라 막막했는데 이제 실마리가 보여 마음이 놓여. 어머니 소식을 들어 그런지 충만한 밤이군. 오늘은 달도 만월이야.

밥, 어머니를 찾을 수 있을 거 같다는 내 말에 자네는 무심한 듯 '그거 다행이군' 하고 말했지만, 수화기 너머 떨리는 목소리에서 자네의 진심이 느껴졌어. 마음은 숨긴다고 숨겨지지 않지. 자네가 아무리 증오라는 결개가 강한 감정으로 그리움을 가두어도 몸에 섞여 흐르는 어머니의 피는 가둬서 되는 게 아님을 자네도 알지 않는가. 기억나지?, 자네의 큰딸 매리언이 사춘기였을 때의 일이었지. 자네와 갈등이 심했고 자네는 극단으로 치닫는 감정을 누르지 못해 매리언의 물건들을 모두 불태워 버렸지, '이젠 내 딸이 아니야!'라며 어릴 때 사진까지도 말이야. 매리언이 집을 나갔지. 그리고 몇 달을 자네와 매리언은 서로 연락하지 않고 지냈고, 그런데 매리언은 자네 없이도 잘 지내고 있는데 자네는 어땠는가, 단절이 길어지자 불안하고 초조해하며 매일 술을 마셨지. 결국 먼저 전화를 걸었지만, 매리언은 받지 않았고 열 번, 스무 번의 전화에도 매리언은 끊어 버렸어. 그때 자네 모습이 아직도 기억나는군. 일할 의욕이 없어 농장도 엉망이고 얼굴도 수척해졌지. 재미있던 것도 재미가 없어지고 어느 것에서도 행복을 느끼지 못한다고 했지. 수해를 입었을 때도 견뎌낸 자네가 자식의 일에는 무너지더군. 석 달 내내 매리언에게 사과의 문자를 보냈고 결국 매리언은 집으로 돌아왔지. 이렇게 만든 건 매리언과 자네의 몸에 같은 유전자가 부르는 끌림 아니었겠나. 그러니 밥, 그 끌림을 애써 숨기려 하지 말게.

밥. 지난번 1차 스케치가 끝난 마애불을 완성하기 위해 다시 남산으로 갔어. 오늘은 엎드린 마애불이 주는 메시지를 깊이 담아보고 싶었지. 마침 주변에 아무도 없어 나도 마애불과 같은 자세로 바닥에 엎드려 봤어. 그리고 5cm의 간격을 두고 오래 버텨 봤지. 경사진 곳에 바닥과 5cm 사이를 두고 거꾸로 엎드려 있다는 것은 엄청난 무게를 견딜 안간힘이 필요했어. 결국 나는 흙바닥에 얼굴을 묻고 말았어. 만약 5cm만 더 내려왔더라면 마애불은 등에 진 바위의 무게를 견디지 못해 부서지고 말았을 것이네. 형태를 알 수 없을 만큼 부서졌다고 생각해 봤어. 우리는 천 년 전 열암곡 마애불 모습을, 그 이후로 또 천년을 존재하게 될지도 모를 마애불의 존재를 알지 못한 채 살다 가지 않았겠나. 천년을 엎드려 그 앞에 손 모아 기도하는 사람들의 염원과 간절한 낯빛을 듣고 보며 버텨왔으리라 생각되더군, 다시 엎드려 빛의 흐름을 봤어. 차분하고 촘촘하게 명암을 넣으며 세부 형태를 완성해 갔지. 단순해 보이지만 아주 작은 부분의 명암은 다 달라서 자세히 관찰하며 그려야 했어. 등에 진 바위의 무게를 상상하며 얼굴에 누르는 힘을 실었어. 그때는 연필심에 마음이 무겁게 실리더군. 그리고 부딪치기 전, 그 순간의 안간힘을 그리는 데 주력했지. 단지 정물로만 본다면 지진에 훼손된 남산의 수많은 불상에 불과해, 하지만 부서지기 전 그 5cm를 온전한 모습으로 견뎌낸 것에 대해 의미를 부여한다면, 고통이란 인간의 삶에 항상 존재함으로 그 고통을 견뎌내라는 깨달음을 사람들에게 보여주고 싶었던 거였지. 살다 보면 주저앉거나 엎어지는 일이 많지. 마애불은 천년을 엎드려 견디며 일어서지 못하는 사람들 마음에 힘을 주는 존재였던 거지.

 엎드린 마애불을 드디어 내 화첩에 모셨어. 앞으로는 엎드린 마애불을 볼 수 없으나 화첩에 있으니 내가 한국에 온 목적을 이뤘다 해도 될 것 같군.

 그리고 내일 어머니가 처음 계셨다는 절에 가 볼 예정이었는데 오늘 감포에 있는 절에서 전화가 왔더군. 노스님이 수소문해 알아보니 자네 어머니는 청도 가는 길에 있는 은혜사라는 절에 최근까지 계셨다고 하더군. 최근이라니! 얼마나 기쁜 일인가. 아직 살아계신다는 말과 같아 얼른 소식을 전하네. 내일은 은혜사에 갈 예정이야.

 밤, 은혜사에 다녀왔어. 초록으로 무장한 은행나무 잎이 온통 길목을 채우고 있었지. 가을 되면 황금빛으로 물들게 분명한 길을 상상하니 벌써 여기가 좋아지더군. 종무소에서 수연보살에 관해 물었어. 몇 해 전까지 여기 계셨고 지금은 절에서 운영하는 요양원에 계신다고 하더군. 요양원은 절 옆에 있었어. 3층 건물이었는데 마침 오후 햇살이 창에 들어 요양원은 아주 따듯하게 보여 마음 놓였어. 직계 가족 아니면 면회가 어렵다고 하더군. 자네의 사정을 설명했지만 확인할 수 없으니 안 된다고 했어. 직계란 그리고 가족이란 힘을 가진 존재란 생각이 들더군. 은혜사 스님께 전화 걸어 부탁했지. 담당자가 어머니를 모시고 오겠다 하더군. 느티나무 그늘에 앉아 출입문을 보고 있는데 요양보호사가 휠체어에 탄 어머니를 모시고 나왔어. 그리고 천천히 내 쪽으로 왔지. 마치 얼굴도 이름도 모르는 내 어머니가 나를 향해 걸어오는 것 같았어. 내 어머니가 아닌 줄 알지만, 심장이 두근거리더군. 처음엔 휠체어만 보였어. 어머니는 너무 작고 마른 데다 등을 둥글게 말고 앉아 있었어. 내가 먼저 천천히 어머니 쪽으로 갔어. 그리고 휠체어 앞에 자세를 낮추고 앉아 "어머니"하고 불렀어. 그런데 말이야. 그 어머니라는 단어의 힘이 그렇게 센 줄 몰랐어. 힘없이 말고 있던 몸을 갑자기 곧추세우는 게 아니겠는가! 힘이 없어 뜬 듯 안 뜬 듯 잠겨 있던 눈도 크게 뜨셨어. 짧은 커트 머리 백발이 오후의 햇살에 환하게 빛났지. 눈물을 참느라 힘들더군. 나는 내 어머니가 누군 줄 몰라. 자네는 늘 말했지. 차라리 누군 줄 모르는 게 낫다고. 어머니의 존재를 안 채로 버려진다는 것이 더 지독한 형벌이라고, 그런데 그게 아닐세 밥, 어머니란 내 뿌리를 증명해 주는 존재라 생각해. 자네는 뿌리를 증명해 줄 사실이 많지만, 나는 뿌리를 모르지. 추측할 만한 자료도 없어. 한 남자의 정자를 받아 열 달을 뱃속에 품다 세상 밖으로 버려진 근본을 찾을 수 없는 생물학적 존재에 불과하지. 자네가 고통 앞에서 당당하게 견딜 수 있는 건, 비록 곁에는 없지만 어머니란 존재가 기억에 남아 있기 때문이라는 생각도 들더군. 그래서였을까. 자네 어머니가 내 어머니 같았어. 좋은 양부모였지만, 나도 가끔은 내 뿌리가 궁금했어. 양부모의 헌신을 부정하는 것은 아니야. 다만 자네 어머니의 일생을 따라가다 보니 내 어머니도 이 세상 어딘가에서 오래전 버린 아들을 그리워하고 있지는 않을까 하는 생각이 처음으로 들더군. 미안하네. 자네 어머니를 뵙고 오니 내 감정이 격해졌어. 어머니는 여전히 염주를 손에 감고 계셨어. 그리고 나에게 "병욱이냐?"라고 물었어. "아드님 친구분이라 말했잖아요!"라고 요양보호사가 대신 말했어. 어머니는 세웠던 몸을 다시 둥글게 말고 어깨가 바닥으로 내려가더군. 수연보살 오순례 님이냐고 했더니 요양보호사가 그렇다고 대답했어. 임병욱이 아드님이지요! 라고 물었더니 자네 이름을 듣고 힘없이 구부렸던 등을 다시 펴고 나를 봤어. 그리고 갑자기 몸에 힘이 들어온 듯 내 손을 꽉 잡고 "우리 병욱이 알아요? 우리 병욱이 살아있어요?"라고 묻더군. 마치 자네가 내 손을 잡는 듯 강한 힘을 느꼈지. 어머니의 첫 질문은 살아 있느냐였어. 그건 당시 죽고 사는 문제에 어머니가 직면하고 있었다는 뜻이어서 아프더군. 지금 어디 사는지, 밥은 제대로 먹고 사는지 내가 대답할 틈도 없이 질문을 했어. 나는 어머님께 차례대로 대답했어. 병욱이는 미국으로 입양되어 현재 네브래스카주에 있는 오마하라는 곳에 살고 있다고 했어. 옥수수와 콩 농사를 크게 짓고 있어 밥 굶지 않고 살고 있다고 하니 안심하는 표정이었어. 어머니는 나를 더 끌어당기며 우리 병욱이 아픈 데는 없냐고 물었어. 아프지 않고 아주 건강하게 살고 있다고 말했지. 결혼해서 가족도 있다고 했더니 어머니는 두 손을 모으고 여러 번 "고맙습니다. 고맙습니다" 하며 흐느끼셨어. 의자에 앉아 자네에 관한 이야기를 더 나누었지. 어머니는 자네에 관해 한 마디도 놓치지 않고 들으려고 내 쪽으로 몸을 기울였어. 그리고 자네가 어머니를 많이 원망하고 있을 거라 하시더군. 자네는 늘 어머니 따윈 잊어버렸다고 했지만 나는 아네. 미움만큼 그리움을 눌러두고 있었다는 걸 말이야. 그래서 병욱이도 어머니를 그리워하고 있다고 말했지. 자네가 기억하지 못하는 자네 아버지에 대해서도 말했어. 자네 아버지는 개성 출신 은진임 씨로 이름은 용남이라는 분이셨어. 전쟁고아로 무척 외로운 사람이었다고 해. 자네 아버지의 죽음으로 보상받은 얼마간의 돈으로 자네가 아홉 살 때까지는 견뎠지만 그 후 무척 힘들었다고 했어. 남편이 전쟁고아여서 도움 줄 만 한 친척도 없었다더군. 쌀독은 비어있고 배고픈 아들이 마당에 떨어진 쌀알 같은 이팝나무꽃을 주워 먹는 것을 보고 보육원에 보내기로 결심했다더군. 당시 한국은 먹고살기 힘든 사람이 많았지. 그런 시절이 우리에게 오지 않았다면 나도 타국에서 뿌리도 모른 채 살지 않았겠지. 그건 우리의 의지가 아니라 시절의 의지였고 다들 그런 시절이었으니 원망 못하겠더군. 자네와 나는 그중에서 가장 아픈 아이들인 것만큼은 분명해. 내 부모도 혼자 잘 살기 위해 나를 버리지는 않았을 거라는 생각이 들어. 자네 어머니를 보며 어딘가에 아직 살아있을지도 모르는 내 부모의 마음이 헤아려지더군. 우리도 아이가 있지만, 함부로 버리는 부모는 없다고 생각해.

병에 걸린 자신이 언제 죽을지도 모르는 상황에 아들이라도 살리기 위해 보육원에 맡기긴 했지만, 평생 후회했다고 했어. 같이 굶어 죽더라도 보내지 말았어야 한다고 말이야. 자네를 보육원에 두고 온 이후 심장에 구멍이 난 것 같았다더군. 온 우주가 텅 빈 것 같고 살아도 산 것 같지 않았다고 해. 나쁜 업은 자신이 질 테니 아들은 부디 행복하게만 살게 해 달라고 부처님께 엎드려 비는 것이 아들을 위해 해줄 수 있는 어머니의 일이라 생각했다 하셨지. 혹시라도 자신이 살았던 곳을 기억하는 아들이 어른이 되어 찾아올까 해서 경주 이외의 곳으로 벗어난 적 없다더군. 그리고 여든이 넘도록 찾지 않아 자네가 죽었을지도 모른다고도 생각했다 하셨어. 만약 그랬다면 다음 생에는 좋은 부모에게 태어나게 해달라고 엎드려 절했다 하셨지. 하지만 자네가 먼 타국에서 잘살고 있다니 이젠 소원이 없다고 하셨어. 그 말을 하고는 쓰러질 듯 의자 팔걸이에 기대더군. "어머니는 깨어 있을 때 항상 천수경을 펴 놓고 읽으셨어요. 천수경은 자식을 위한 기도라는 것을 미국에 사는 아드님이 알아주었으면 좋겠어요."라며 우리 이야기를 듣던 요양보호사가 거들어 말하더군. 그리고 무슨 염치로 아들을 보겠느냐며 다만 어떻게 컸는지 사진 있으면 보고 싶다고 해서 전화기에 있는 자네 사진을 보여드렸지. 우리 캔자스시티 갔을 때 같이 찍은 사진 말이야. 시력이 나쁜 거 같아 자네 얼굴만 확대해 보여드렸어. 어머니는 한참 보더니 어릴 때 모습이 남아 있다고 하며 자네 얼굴을 손가락으로 쓰다듬더군. 그리고 품에 안고 "미안하다. 잘 자랐구나. 이제 되었다." 하시며 또 허공의 누군가에게 '고맙습니다'라는 말을 되풀이했어. 농장 사진과 가족사진을 보여주었더니 그때는 기운이 난 듯 목소리도 커지고 활짝 웃으셨어. 계시는 곳을 알았으니 조만간 병욱이와 함께 다시 오겠다고 했어. 자네에게 보여주기 위해 어머니 사진도 몇 장 찍었지. 인사를 하고 돌아 나오는데도 어머니는 그 자리에 정물처럼 앉아 내 뒷모습을 바라보고 있었어. 몇 걸음 가다 다시 돌아봐도 여전히 보고 있었지. 다시 돌아가 어머니를 그려도 되겠냐 물었더니 허락해 주셨어.

스케치북과 연필을 꺼내 어머니 앞에 마주 앉았지. 형태의 중심을 잡기 위해 어머니를 향해 연필을 가로로 들었어. 어머니가 나를 빤히 바라보시더군. 작고 둥근 얼굴, 고요하게 뜬 눈, 그동안의 삶이 압축된 이마와 미간의 주름, 얼굴의 모든 주름이 뭉클하게 느껴지더군. 얼굴 윤곽과 굽은 어깨를 그렸지. 버린 아들에게 평생 마음으로 젖을 먹인 듯 쪼그라든 가슴과 염주를 돌리느라 손톱이 닳은 손과 절할 때마다 뚝뚝 소리를 냈을 무릎, 그리고 마음과 몸의 고통을 견디며 서 있게 해준 발까지 그렸지. 1차 소묘를 하고 연필을 바꿔 세밀한 묘사를 했어. 편편한 맨살보다 주름이 더 많은 굴곡진 얼굴을 한 줄씩 겹쳐 그리는데 그 주름의 골짜기에 어머니가 아슴한 얼굴로 법당에 앉아 기도 하는 모습이 보여 손이 떨렸지. 아니 뭉클해서 떨리더군. 주름진 목과 주름진 손목 그 주름의 간격에 새겨졌을 천수경과 생애 단 하나뿐인 어머니의 꿈, 바로 아들 병욱이 자네의 행복이었어. 세상 어떤 아들이 어머니를 위해 삼천 배를 하겠는가!. 그림을 완성하고 어머니를 보는데 후광이 보이더군. 평생 엎드려 절하고 산 어머니는 열암곡에 엎드려 계신 마애불과 같았지. 세상의 벼랑에 엎드려 계신 마애불이 내 앞에 앉아 계셨어.

　인사를 하고 나가다 뒤를 돌아보니, 며칠 머물다 집으로 가는 아들 뒷모습을 아쉬운 듯 바라보는 어머니처럼 여전히 그 자리에 앉아 있었어. 내가 보이지 않을 때까지 있을 것 같아 다시 돌아보지 않았어. 뿌리가 있는 자네가 부럽더군. 오늘은 종일 슬픈 날이야. 이만 쓰겠네.

　밥, 어젯밤 자네와의 통화는 유익했어. 자네 어머니를 찾으러 다닌 보람도 있었지. 어머니와의 만남을 전해 듣고 끝내 울고 만 자네를 보고 그동안 어머니에 관해서는 냉정했던 자네 마음이 녹는 것 같았어.

맞아. 어머니들은 그런 존재였어. 어머니에게 자식은 심장과 같지. 그러므로 자식을 버리는 것은 심장을 떼 놓는 것과 같아서 살아도 산 것이 아니지. 내가 절에서 본 어머니들은 모두 그랬어. 아픈 무릎을 손으로 문질러 가며 108배를 하고 천 배를 하고 삼천 배를 했지. 그것도 매일 새벽에 일어나 기원하고 다음 날 또 기원했어. 그런데 말이지, 나는 그 어머니들의 모습을 차마 그릴 수 없었어. 어머니의 사랑은 완성이 있을 수 없었거든. 그리고 내 어머니를 생각했어. 포대기 안에 아무런 정보도 넣지 않고 나를 보육원 문 앞에 두고 간 건, 버린 부모 따윈 그리워하지 말고 새로운 부모와 완전한 생으로 살기를 바라는 뜻에서였을 거라고 말이야. 그래서 내가 어떤 경로로 입양되었는지에 대해 앞으로도 알아보지 않을 생각이야. 자식이 심장이라면 내 어머니도 몸에 난 구멍을 어루만지며 살았을 거라 믿기로 했어. 그리고 이 땅 어디쯤에서 나를 위해 손톱이 닳도록 염주를 굴리고 야윈 무릎으로 삼천 배를 하며 엎드려 절하고 있을지도 모르지. 그러니 어머니의 간절함 대로 잘 살아 주는 것이 낳아준 거에 대한 보답이라 생각하기로 했지. 자식은 어머니를 못 보면 그 모습을 잊어버리지만, 어머니는 천년이 지나도 자식 모습이 선명해지는 그런 신성한 존재지. 그러므로 자네 어머니가 죽음과 삶의 경계에서 자네를 한 번 보기 위해 겨우 버티고 있는 것처럼 천년을 엎드려 그 앞에 절하는 사람들의 고통을 들어주고 품어 주며 버티고 있는 존재, 열암곡 마애불의 입불 된 모습을 지금의 이 느낌으로 담아 내일 그려 볼 생각이야.

밥, 오늘은 경주에서 마지막 일정이었어. 나는 열암곡 마애불의 입불을 간절하게 기다리는 사람 중 하나야. 엎드려 지낸 천년의 시간을 털고 일어나 더 먼 곳에 있는 나 같은 사람들까지 바라봐 주기를 원하지.

 열암곡 마애불을 내 화첩에서 먼저 세워 볼 생각으로 일찍 남산으로 갔어. 사람이 없을 때 집중하기 좋아 새벽에 길을 나섰지. 다른 날보다 더 천천히 걸었어. 삼보일배의 오체투지 순례자처럼 천천히 그리고 이런저런 생각을 담으며 다가갔지. 엎드려서 다시 마애불을 봤어. 그리고 눈을 감고 내 마음에 먼저 마애불을 세우기로 했지. 등에 진 무거운 바위를 걷어 냈어. 비로소 마애불은 가벼워지셨지. 그리고 왼쪽 얼굴을 떠올리며 보이지 않는 오른쪽 얼굴을 상상하고 높이와 양쪽 어깨의 대칭을 상상했지. 천천히 몸을 돌렸어. 마애불이 손을 툭툭 털고 일어서시더군. 그리고 온화한 미소로 멀리 바라보고 있었지. 마애불이 일어선 순간이었어. 그동안 몸을 낮추고 엎드려 귀를 열고, 고뇌와 불안이 가득한 사람들의 이야기를 듣고 위로했다면 이제는 사람들의 기원이 이루어지기를 바라는 그런 얼굴이었지. 눈을 뜨고 빠르게 그림을 그렸어. 이미 내 마음에 먼저 입불되었으니 실물을 보지 않아도 나의 스케치는 거칠 것 없었지. 그동안 그림자에 가려져 어둑해진 얼굴에 햇빛을 한 움큼 넣었어. 지긋이 뜬 눈에 상한 곳 없는 코와 평생 경전을 읽어 줄 것만 같은 입을 그렸지. 가볍게 걸친 옷자락과 매무새에 불심을 담아 한올 한올 선을 겹쳐 쌓았어. 다시 천년을 지탱할 단단 발등에도 힘을 실었어. 사람들의 평안과 안녕을 꿈꾸는 마애불, 수십 번 선을 쌓아 단단해진 그 정물이 내 화첩에 우뚝 섰지. 이 외진 곳에 와서 엎드려 절하는 사람들의 고통을 헤아리며 바람에 쓸리고 이슬에 부식되더라도 꿋꿋하게 견디며 다시 천년을 서 있으리라 믿네.

 밥, 오늘은 경주를 떠나는 날이군. 연두였던 산이 점점 초록으로 변하는 모습이 보여. 남산을 다니면서 보았던 소나무도 좋았어. 오마하에는 좀처럼 소나무를 볼 수 없지. 다행히 내 화첩에 한국의 소나무도 몇 그루 그려 넣었어. 특히 바위틈에 자란 소나무들, 어디에서 와서 이토록 단단한 바위틈에 뿌리내리고 허공으로 뻗어나가는지 모르지만, 근원이 없는 생물은 없다는 생각이 들어. 부엉이 한 마리가 어둑한 숲을 깨우듯 남산 소나무 한 그루와 마애불이 이성과 논리의 틀에 갇혀 있던 나를 깨우더군. 입불 전 열암곡 마애불을 그리기 위한 목적 하나로 한국에 왔지만, 나는 며칠의 일정을 통해 영적으로도 성장한 것 같아. 그리고 한국이 궁금해졌어.

밥, 자네 어머니는 시간이 많지 않아 보여. 그러니 농장이 정리되면 빨리 어머니를 만나는 게 좋을 것 같아. 나에게 없는, 자네에게는 있는 귀한 존재라는 생각이 들더군. 그리고 열암곡 마애불이 입불되면 자네와 자네 어머니 그리고 내가 그 앞에 엎드려 참배하는 날이 오기를 바라네. 참, 내가 말했던가. 나도 종교가 생겼다고.

오마하에서 만나기를, 잘 자게.

— 친구 대니 존슨 씀.

# 장승규 시인

필명: 장남제.
경남 사천 출생.
한국외국어대학 영어과 졸업.
2003년《문학세계》로 등단.
현재: 남아공 요하네스버그 거주.
Supex Ltd 대표.
K장학재단(ww.kscholarship.com/kr/) 이사장.
시마을(www.feelpoem.com) 동인.
시집 『당신이 그리운 날은』(2003), 『민들레 유산』(2018),
『희망봉에서 그대에게』(2020) 등.

supexsam@hanmail.net / kscholar@supexgroup.com

단편소설

# 『살아보니』(부제: 시몽 3부작)

1부: 줄을 긋고, 다시 쓰다

- 영등포역의 눈발
- 다시 쓰는 답안지

2부: Supex, 나의 길

- OEM의 그림자
- 자기 이름을 세우다

3부: 희망봉, 길을 비추다

- 무역업의 끝에서
- 어둠 속에 등대가 되다

---

〈부록〉 꼰대편지

〈직업〉에 대한 이야기

〈약속〉에 대한 이야기

〈삶의 계획〉에 대한 이야기

〈우선순위〉에 대한 이야기

〈뜻 세우기〉에 대한 이야기

〈Four Nos〉에 대한 이야기

**작가의 말**

《살아보니》라는 이름으로 묶은 이 '시몽 3부작'은 소년의 첫 실패의 눈물에서 시작해, 구불구불한 청장년의 길을 지나, 장학의 등불로 이어진 한 생의 발자취입니다.

나는 실패 위에 굵은 줄을 긋고, 그 위에 다시 새 답을 찾아 써 내려왔습니다. 대입 낙방에서도, OEM의 좌절 속에서도, 무역업의 끝에서도, 그때마다 단단히 줄을 긋고 새 길을 찾아 걸어왔습니다.

학장의 유학 제안 앞에서도, 그룹의 부름 앞에서도, 흔들리지 않고 묵묵히 걸어왔습니다. 그 길은 내가 정한 길이었고, 오래 준비해온 길이었으니까요.

그러나, 이 책은 나 혼자의 기록이 아닙니다.
눈발 속에서 따뜻한 말을 건네주던 아주머니,
밤새 컨베이어 벨트 앞에서 손을 놀리던 여공들,
함께 길을 열었던 동료들, 그리고 장학의 길을 이어갈 젊은이들—
모두가 이 길의 주인입니다.

살아보니, 삶은 혼자의 길이 아니었습니다.
앞서 걸어간 이들의 발자국 위에 내 발자국을 얹었고, 또 누군가는 내 발자국을 따라 걸어올 것입니다. 그리하여 이 길은 세세대대로 이어지는 진정한 길이 될 것입니다.

작품 속의 인물과 사건은 모두 가상이며 실제와 무관합니다.

이 작품은 제 삶의 궤적과 겹치는 부분이 많으나, 어디까지나 문학적 상상력으로 재구성된 것입니다.

이 글을 마치며 고개 숙여 감사드립니다. 한국전 참전용사와 가족들께, 배움에 애쓰는 학생들에게, 《희망봉》에 글을 보태어 남아공 한인 역사를 함께 써 내려가는 분들에게, 그리고 이름을 남기지 않고도 먼저 길을 밟아주신 모든 이들에게.

끝으로 김영철 대표(Blue Frontier Group)의 따뜻한 제안과 격려가 없었다면, 이 책은 세상의 빛을 보지 못했을 것입니다.

이 자리를 빌려 깊이 감사드립니다.

2025년 요하네스버그에서

장 승 규

# 살아보니

**장승규**

### 1부  줄을 긋고 다시 쓰다

#### 1971년 1월 초, 진주역의 아침

경전선 부산행 기차가 기적소리를 하얀 입김으로 뿜으며 승강장으로 들어왔다. 차창에 얼굴들이 얼핏얼핏 스쳐 지나가고, 석탄냄새가 쇠바퀴 소리와 뒤섞여 코끝을 스쳤다.

승강장에는 새해 휴가를 끝내고 다시 공장으로 돌아가는 청년들, 두툼한 솜옷을 입은 장꾼들로 북적였다. 그들 틈에 교모를 깊숙이 눌러 쓴 한 소년이 서 있었다.
소년의 오른손에는 낡은 책가방이 들려 있었고, 그 안에는 다 해진 참고서 몇 권과 빽빽이 적은 요점정리 노트가 들어 있었다.

기차가 승강장에 멈추자, 소년은 잠시 고개를 돌려, 멀리 남강을 바라보았다.
뒤벼리 절벽을 휘돌아 흐르는 강물은 이른 아침인데도 뚜렷이 보였고, 그 너머 겨울 망진들판은 검게 웅크리고 있었다. 가까이에는 대동

공업 굴뚝에서 뿜어낸 흰 연기가 구름처럼 떠있었다.

　기적을 울리며 기차가 출발하자, 차창에 낀 서리가 몸서리를 쳤고, 낯익은 풍경들이 천천히 뒤로 밀려났다.
　그는 교복 칼라에 후크를 단단히 채운 후, 한 손으로는 책가방을 더 꽉 붙잡았다.
　서울은 처음이었다. 불안한 마음에 안주머니에 넣어둔 쪽지를 꺼내 보았다.
　'서울역에 내려서 왼쪽으로 약간 돌면 큰 길가에 파출소가 있다. 그 파출소 앞에서 20번 버스를 타라. 동숭동 부근에서 내리면 된다.'

　진주에서 출발한 기차는 산 돌고 강을 건너, 삼랑진역에 닿았다. 정오를 막 지나고 있었다.
　이제 경전선에서 경부선으로 갈아타야 했다. 그러나 서울행 열차는 눈보라로 지연된다는 안내만 흘러나왔다. 경부선 전구간이 지연되고 있었다. 몇 시간 후에야 다시 안내방송이 나왔다. 소년은 교모를 다시 눌러쓰고, 덜컹거리는 철제 계단을 지나 경부선 통일호 객차로 옮겨탔다.

　객실 안은 이미 사람들로 빼곡해서 앉을 자리 하나 없었다.
　말끔히 차려 입은 신사, 보따리를 든 장사꾼, 시험을 보러 가는 듯한 또래 학생들…소년은 그들 틈에 끼어 서 있었다. 대구역에 이르러서야 그는 간신히 한 자리를 차지할 수 있었다.

기차가 다시 움직이고 얼마 지나지 않아, 납작한 대나무 광주리를 어깨에 맨 계란 장수가 지나갔다.
"삶은 계란, 우유 있어요! 따뜻한 계란, 우유!"
허스키한 목소리가 객실을 가르며 퍼졌다.
짚 꾸러미에 엮인 삶은 달걀, 집에선 먹어보지도 못한 우유가 특히 눈길을 끌었다.

소년은 우선 계란장수 아저씨를 불러 세웠다. 그러나 그는 곧 돈을 꺼낼 수가 없었다. 어머니가 속바지 안쪽에 작은 주머니를 덧대고, 입구를 단단히 꿰매 두었기 때문이었다. 소년은 어머니의 걱정을 느낄 수 있었다.
그는 아저씨에게 잠깐 기다려달라 하고, 급히 화장실로 갔다. 그러나, 혁대 대신 끈으로 묶은 바지는 바지끈이 잔뜩 조여 있어서 내리는 것이 쉽지 않았다. 그는 애써 주머니 실밥을 조금 풀어서 돈을 꺼냈.
소년이 헐레벌떡 자리로 돌아오자, 계란장수는 마치 다 안다는 듯 웃으며 기다리고 있었다. 그 아저씨는 달걀 두 알과 우유 한 팩을 소년의 손에 꼭 쥐어 주었다.

달걀 껍질을 벗기는 순간, 그는 손끝에 와닿는 따뜻한 감촉에 어머니 모습이 떠올랐다. 고맙고, 또 미안했다. 소년은 잠시 눈을 감았다.
고향집에서는 늘 깨진 달걀만 계란찜으로 먹었다. 작은 양계장에서 하루에도 몇 개씩은 깨진 달걀이 꼭 나왔다. 깨지지 않은 온전한 달걀은 그의 갈망이었다.
오늘은 달랐다. 껍질을 벗기자 하얀 속살이 드러났다. 그것은 오랜

만에 맛보는 완전한 타원형이었다. 소년은 허겁지겁 두 알을 먹어 치우고, 우유로 목을 축였다.
 하지만 기쁨은 오래 가지 않았다.
 낯선 음식과 긴장이 뒤엉켜 속이 뒤틀렸고, 기쁨이 가신 자리에 두려움이 서서히 자리잡았다. 장시간의 기차여행에 속틀림이 겹쳐, 이마에 서늘한 땀이 송골송골 맺혔다.

 그렇게 소년은 잔뜩 몸을 웅크린 채, 오랜 시간을 자다 깨다 하는데, 객실의 난방마저 꺼진 듯, 창틈마다 바람이 새어 들어와 찬 기운이 흘렀다. 잠 속에 누군가 불평하는 소리가 들렸다.
 "꼭 다 와가면 난방을 끈다니까."
 앉아 있던 사람들이 하나 둘 일어나서 짐을 챙기는 소리도 들렸다.

 얼마 지나지 않아 열차가 크게 흔들리며 속도를 줄이더니, 불빛이 환한 긴 승강장에 멈추었다. 사람들이 우르르 일어나 제마다 짐을 챙겨서 복도 끝으로 쏟아져 나갔다. 그 소란에 소년은 졸던 눈을 비비며 주위를 둘러보니, 말쑥한 양복입은 신사 두 사람만 자리에 앉아있을 뿐이었다.
 "다 왔나 보다."
 그도 서둘러 책가방을 챙겨서, 그 흐름에 휩쓸리듯 내렸다. 바깥은 이미 캄캄한 밤이었다.

 승강장 위에는 눈보라가 그대로 하얗게 쌓여 있었다. 간간이 울리는 기적 소리, 기관차 앞쪽에서 피어오르는 검은 연기는 곧 출발을 알리는 신호처럼 보였다.

서둘러 내리길 잘 했다는 생각이 들며, 소년은 사람들 틈에 섞여 역사를 빠져나왔다. 그는 다시 교모를 고쳐 쓰고 안주머니에서 쪽지를 꺼냈다.

"서울역에 내려서 왼쪽으로 약간 돌면 큰 길가에 파출소가 있다." 희미한 필체로 적힌 한 줄이 그에게는 유일한 길잡이였다.

소년은 출구를 나와 왼편 큰길로 접어들었다. 사람들은 모두 오른편 큰길로 쏟아져 나갔다. 왼편 눈길 위에 처음 찍히는 그의 발자국이 뽀드득 소리를 냈다.

그러나 얼마를 걸어도 주변에는 파출소는 커녕 불 켜진 가게 하나 보이지 않았다.

"파출소가… 어디있지."

가로등 아래에서 소년은 잠시 발걸음을 멈추고 주위를 두리번거렸다.

눈발이 세차게 휘몰아치며 귀밑까지 파고들었다.

양말 속 발가락은 이미 얼어붙은 듯 감각이 사라지고, 옷깃으로 스며든 찬 기운이 속옷까지 파고들었다. 낯섦과 추위가 함께 그의 어깨를 짓눌러왔다. 손에 든 책가방이 한층 더 무겁게 느껴졌다. 통일호의 객실 냉기와는 또 다른, 알 수 없는 도시의 냉기가 그의 가슴을 조여왔다.

소년은 다시 쪽지를 꺼내 확인했다. 그러나 글씨는 이미 눈 내리는 거리처럼 희미해 보였다. 얼굴에 눈발이 녹은 건지, 눈물이 번진 건지 알 수 없었다.

소년은 몸을 움츠린 채 다시 길을 더듬어 나섰다. 한 걸음, 또 한 걸음. 그러나 걸음을 옮길수록 더 깊은 낯섦 속으로 빠져드는 기분이었다. 소년은 문득 이런 생각이 들었다. '신이 있다면, 지금 내가 어디 있는지 알까'.

그 순간, 멈출 듯하던 눈이 다시 흩날리기 시작했다.

"학생, 따뜻한 방 있어요."

등 뒤에서 불쑥 낯선 목소리가 들려왔다. 소년은 깜짝 놀라 고개를 돌렸다. 눈발 속, 방금 지나온 희미한 가로등 불빛 아래 한 아주머니가 서 있었다. 두툼한 외투에 몸을 감싸고, 등에 무엇인가를 업고 있었다. 그것은 어스레해서 분간하기 어려웠다.

소년은 얼어붙은 몸을 웅크리며 간신히 입을 열었다.
"파출소가… 어디 있습니까?"
아주머니는 잠시 그를 훑어보더니, 대답했다.
"파출소? 여긴 파출소는 없어요."
소년은 그 쪽지를 아주머니에게 보란 듯 내밀며 말했다.
"여기 왼쪽으로 조금만 가면 파출소가 있다고 했어요."
가로등 불빛에 쪽지를 비춰보며 아주머니가 걱정스레 말했다.
"아니, 이건 서울역이네. 여긴 영등포역이에요. 한 정거장 더 가서 내려야지 되는데…."

순간, 소년의 뒷덜미가 뜨겁게 달아올랐다. 서울역인 줄 알았으나, 그는 영등포역 눈발 속에 서 있었던 것이었다. 이미 몸은 눈발 속에서 덜덜 떨고 있었다.

교모 위에는 흰 눈이 소복이 쌓였고, 양 볼은 얼음장처럼 차가웠다. 손가락 감각마저 사라져, 책가방이 당장 손에서 흘러내릴 것만 같았다.

그때, 아주머니의 등에 업힌 무게가 끙 소리를 냈다. 그녀는 다시 한 번 다정하게, 그러나 낯설게 말을 건넸다.

"학생, 따뜻한 방 있어요. 쉬었다 가요. 어차피 지금은 버스가 끊겼어요. 내일 아침에 내가 서울역 가는 버스를 잡아줄게요."

소년은 대답을 잃은 채, 하얀 눈발 속에 멈춰 섰다.

낯선 도시의 첫 관문에서, 그를 맞이한 건 따뜻한 안내가 아니라, 어디로 이끄는 지 알 수 없는 불안한 손길이었다.

둘은 가던 길을 되돌아 다시 역전으로 돌아왔다. 아주머니를 따라 이번에는 역전에서 곧바로 왼쪽 골목으로 꺾어들었다. 흰 담벼락에 눈이 쌓여서 어디가 길이고 어디가 벽인지 분간하기 어려웠다.

골목을 제법 들어가자, 갑자기 아주머니가 오른손으로 그 흰 담벼락을 밀었다. 웬일인가 싶었는데, 눈 속에서 문이 삐걱 소리를 내며 열리더니, ㄷ자형 건물 안쪽이 드러났다. 아주머니가 먼저 들어가며, 들어오라고 손짓을 했다. 그러나 소년은 선뜻 발걸음을 들여놓지 못하고, 목만 조금 내밀어 안을 살짝 들여다보았다.

소설

안뜰은 낮은 지붕으로 둘러싸여 있었다. 작은 방문들이 다닥다닥 ㄷ자로 이어져 있었고, 방문 앞에는 시커먼 연탄 아궁이가 하나씩 붙어 있었다. 방마다 희미한 전등불이 켜져, 누런 한지창을 비추고 있었다.

아주머니는 손짓으로 한쪽 방을 가리켰다.
"학생, 저기서 자. 방이 좁아도 밤은 넘길 수 있을 거야."
소년은 책가방을 끌어안고 방문을 열었다.
"어휴, 이 게 방이란 말인가…."
가구 하나 없는, 숨 막히게 좁은 방이었다. 사람 몸 하나 겨우 누울 자리에 낡은 이불 하나가 깔려 있을 뿐이었다.

그는 신발을 벗고 장판 위에 발을 들였다. 아주머니 말대로 바닥은 뜨끈뜨끈했다.
차갑던 몸은 본능처럼 이불 속으로 파고들었다. 묵은 이불 냄새와 연탄가스가 뒤섞여 코끝을 찔렀다. 그러나 피곤과 한기 탓에 눈이 점점 감겨왔다.

그때였다.
"학생, 아가씨 넣어드릴까요?"
비몽사몽간에도 짜증이 났다.
'이 좁은 방에 또 한 사람을 넣겠다고?'
"아주머니! 방이 많던데, 왜 이 좁은 방에 두 사람을 넣나요?"
아주머니가 한참이나 말이 없었다. 그러다 기어들어가는 듯한 목소리로 말했다.
"학생, 미안해요. 내일 아침에 봐요."

다음 날 이른 아침, 아주머니가 아이를 등에 업고, 소년을 불렀다. 소년은 어디로 가는지도 모르고 따라나섰다. 그 길이 유일한 길이었다. 아침이 되면 서울역으로 가는 버스를 잡아준다고 했으니.

아주머니는 구멍가게에 들러 쌀 한 봉지와 콩나물 한 줌, 그리고 구공탄 한 개를 샀다. 연탄 구멍에 새끼줄을 끼워서, 쌀과 콩나물은 아주머니가 들고, 소년은 구공탄 새끼줄을 들었다. 한참을 걷다 보니, 조그만 개울이 나왔다.
다리가 있는데도, 아주머니는 굳이 그 밑에 얼음 위로 건넜다. 질러가는 길이었다. 길 옆으로 하꼬방들이 줄지어 늘어서 있었다. 한 허름한 하꼬방 앞에서 멈췄다. 그곳이 아주머니 집이었다.

하얀 쌀밥에 뜨끈뜨끈한 콩나물 국에 아침을 먹고 그 하꼬방을 나왔다. 그곳을 나서며 아주머니는 말했다.
"대학에 합격하거든 꼭 찾아와요."
소년은 고개를 끄덕이며 그러마 했다.

둘은 다시 영등포역으로 돌아왔다. 어젯밤 사람들이 모두 오른편 큰길로 몰려 나가던 곳에 버스정류장이 있었다.
아주머니는 소년을 버스에 태우면서 차장 아가씨에게 신신 당부를 했다.

"이 학생을 서울역 파출소 앞에서 꼭 내려주세요. 20번 버스를 타야 합니다."

그리고는 소년을 향해 말했다.

"학생, 시험 잘 치세요."

그것이 아주머니의 첫 다정한 인사이자, 마지막 인사였다.


**드디어 서울역 파출소 앞에서 내렸다.**

20번 버스를 기다리면 되었다.

그때, 정류장 한 쪽에서 동창 진경을 만났다. 그는 서울대학교 사범대를 지원했다며, 어디로 가야 할지 몰라 두리번거리고 있었다.

소년은 20번 버스를 타고가다가, 동숭동 부근에서 내려야 한다고 말했다. 진경도 같이 가겠다며 말했다.

"여관비도 아끼고, 혼자보다 둘이 낫지 않겠니."

20번 버스가 동숭동을 지날 즈음, 소년이 내리려 하자, 진경이 말했다.

"여긴 비쌀 거야. 몇 정거장만 더 가자. 더 싼 데가 있을 거야."

20번 버스가 고개를 힘겹게 기어올랐다. 몇 정거장 더 가니, 창문 너머로 '대지극장'이라는 큼직한 간판이 눈에 들어왔다. 버스에서 내리자, 육교 건너 맞은편에 오래된 온천간판이 달린 허름한 여관이 있었다. 대지극장의 화려한 불빛과는 달리, 색 바랜 벽돌이 세월의 무게를 고스란히 안고 있었다.

소년은 교모를 다시 깊숙이 눌러쓰고, 조심스레 여관 문을 밀었다.
안에는 희미한 전구 불빛과 함께 눅눅한 온기가 감돌았다. 여관 여주인은 벌써 수험생인 줄 아는 듯했다. 그가 배정받은 방은 복도 끝에 자리한 작은 방이었다.
문을 열자마자 눅눅한 이불 냄새가 훅 끼쳤고, 벽지에는 겨울 내내 스며든 습기가 얼룩처럼 번져 있었다. 방바닥은 다행히 장판이었다. 그리고, 온기도 있었다. 소년은 책가방을 내려놓고 방 안을 둘러보았다. 내일 시험장의 불안이 마치 오래된 손님처럼 이 방에 이미 자리잡고 있었다. 그 순간, 방은 더 이상 여관이 아니라, 내일의 고사장이었다.

예비소집을 마친 저녁, 하늘에는 성기게 눈발이 흩날리고 있었다. 저녁을 먹고 난 뒤에 진경이 말했다.
"내일이 시험인데, 우리도 강엿을 먹어야지."
둘은 함께 골목을 나섰다. 영훈학교를 돌아, 대지극장까지 내려와도 강엿을 파는 곳이 없었다. 그때만 해도 길거리에서 리어카에 카바이트 불을 켜놓고 엿을 팔곤 했다.

한참을 한길 따라 걷다 보니 '길음시장'이라는 시장입구가 나타났다. 거리에는 리어카가 길게 늘어서 있었다. 카바이트 불빛이 파르스름하게 깜박이며, 국수와 붕어빵이 연기와 함께 어우러졌다.
그 한 켠엔 엿장수도 있었다. 엿판에는 노란 전구 불빛 아래, 땅콩이 강엿에 바위처럼 단단히 박혀 있었다. 그들은 조그만 덩어리 하나면 되었는데, 그렇게는 팔지 않았다. 둥그런 한 덩이를 통째로 사야 했다.

여관에 돌아와 잘게 쪼개려 하니, 마음 같지 않았다. 하는 수 없이 여관 주인에게서 망치를 빌렸다. 둘은 한 조각씩 나누어 먹고, 여관 주인에게도 한 조각을 건넸다.

다음 날 아침, 본고사 날이었다. 아침 일찍 일어나려 하니, 이쪽에서 쩌억, 돌아 일어나려 하니, 저 쪽에서 쩌억 —움직일 때마다 달라붙는 소리가 났다.

일어나기가 쉽지 않았다. 어제밤에 망치로 내려친 강엿 조각조각이 따뜻한 장판에 녹아서 옷과 이불이 엉망이 된 탓이었다.

"에이, 이게 뭐야…"
진경도 곤혹스러운 얼굴로 몸을 비틀었다.
손바닥에 묻은 끈적임을 털어내려 해도 달콤한 잔흔은 떨어지지 않았다. 전날 밤의 달콤함은 이미 사라지고, 아침은 그저 곤혹과 허둥거림으로 시작되었다.
시간은 벌써 시험장으로 달려가고 있었다.

대지극장 앞 정류장은 이른 아침부터 북적였다.
버스 안내원의 외침소리, 오가는 사람들의 분주한 발소리로 어수선했다.
20번 버스를 기다리는데, 지나가는 사람마다 이상한 눈길을 던지고 갔다.

그때였다. 등 뒤에서 높고 급한 목소리가 들려왔다.

"학생들, 오늘 수험생이지?"

소년은 놀라 돌아보았다. 허리가 굽은 노인 한 분이 학생 둘을 번갈아 바라보고 말했다. 소년은 짧게 대답했다.

"예."

노인은 그 한마디를 확인하듯 고개를 끄덕이더니, 갑자기 공중전화 박스로 서둘러 갔다. 급히 문을 열고 수화기를 드는 동작이 멀리서도 긴박하게 보였다.

잠시 뒤, 사이렌 소리가 점점 다가왔다. 경찰 백차가 눈발을 가르며 달려와서 소년 앞에 급정거를 했고, 뒤이어 오토바이 한 대가 요란한 소리를 내며 정류장 앞에 섰다. 사람들은 웅성거리며 길을 비켜섰다. 누군가는 '수험생이래' 하고 수군거렸다. 백차가 급하게 물었다.

"어디 수험생입니까?"

"서울대요. 혜화동 동성고등학교가 수험장입니다."

대답이 채 끝나기도 전에 떠밀려 타고 있었다.

동성고 정문은 약간 비탈진 곳에 있었다. 눈 앞에서 커다란 철문이 느릿하게 닫혀가고 있었다. 마치 그 앞에서 세상의 모든 길이 끊어지는 듯, 소년의 심장은 쿵쾅거렸다.

"제발…"

입술 사이로 새어나온 절규는 순간 하얀 입김과 함께 차창에 얼어붙었다.

백차가 정문 앞에 멈추자, 문 앞을 지키던 교사들이 당황한 얼굴로 철문을 다시 밀어 조금 열었다. 그 틈새는 찰나였다. 소년은 책가방을 움켜쥔 채 백차에서 뛰어내렸다.

**시작 종소리가 울리고, 시험지가 책상 위에 놓였다.**

첫 시험은 국어였다. 문제지 다섯 장에 답안지가 두 장이었다.

수험 도중, 답안지가 이상했다. 단답형 문제에는 답안지 칸이 길었고, 서술형 문제에는 답안지 칸이 길어야 하는데도 오히려 짧았다. 소년은 2번 답안지로 넘어가다가 불현듯 멈췄다.
"뭐지…?"

답안지 1번과 2번을 바꿔 쓰고 있었다. 순서가 뒤바뀌어 있었다. 방금 적은 답들이 모두 엉뚱한 곳, 2번에 들어앉아 있었다. 순간, 이마에서 식은땀이 솟구쳤다. 겨울 시험장의 차가운 공기 속에서도, 땀방울이 관자놀이를 타고 흘러내렸다.

주위를 둘러보니, 수험교실은 무섭도록 조용했다. 다른 수험생들은 묵묵히 답안을 채워 넣고 있었고, 감독관의 무표정한 시선이 교단 위에서 내려보고 있었다. 그러나 소년에게만, 교실의 공기는 돌덩이처럼 가슴 위를 짓눌렀다. 펜을 쥔 손은 더욱 떨려왔고, 시간은 무자비하게 흘러가고 있었다.

더는 버틸 수 없었다. 그는 답안지 두 장을 들고, 교단으로 나갔다. 감독관이 천천히 고개를 들며, 무슨 일이냐는 표정이었다.

"저… 답안지 1번과 2번을 바꾸어 썼습니다."

소년은 두 장의 답안지를 감독관에게 내밀며, 떨리는 목소리로 덧붙였다.

"2번 답안지를 한 장 더 주시면 옮겨 적겠습니다."

말끝은 갈라진 숨결에 묻혔다. 그러나 돌아온 목소리는 얼음처럼 단호했다.

"답안지 여분은 없습니다. 줄을 긋고 그 위에 다시 쓰세요."

그 목소리는 서슬이 퍼렜다. 교단에서 뒤로 돌아서는 순간, 소년은 자신을 뚫어져라 보고 있는 시선을 느꼈다. 무슨 일이냐고 묻는 듯한 눈빛은 동창생 송건이었다.

묻고 싶어도 묻지 못하는, 오래 기억될 눈빛이었다. 소년은 답하고 싶어도 답을 할 수가 없었다.

달리 방법은 없었다.

겨우 적어 내려간 답안들, 이제는 그 위에 굵은 줄을 긋고 다시 써야 했다. 그러나 줄은 답안을 온전히 지우지 못했다. 그 아래 희미하게 남아 있는 글자들이 오히려 더 짙게, 더 끈질기게 살아 상하로 갈라져 있었다.

소년의 가슴도 함께 갈라졌다. 그 줄은 답안만 가른 것이 아니라, 그의 가슴 한 귀퉁이를 칼로 가른 듯 아팠다. 후회와 좌절이 그 줄에 깊은 상흔으로 남았다. 그는 눈을 들어 잠시 천장을 바라보았다.

시간은 그를 기다려주지 않았다. 이제 지운 줄 위에 다시 써 내려가야 할, 또다른 인생의 답안만이 있을 뿐이었다.

**그해 2월의 바람은 여전히 차가웠다.**

부산 형님 댁의 작은 안방, 벽에는 새해 달력이 걸려 있었고, 그 아래 나무 탁자 위에 낡은 전화기가 놓여 있었다.

소년은 수험표를 꼭 쥔 채 수화기를 들었다.
저쪽에서 수험번호를 물었다. 떨리는 목소리로 123번이라고 대답했다. 옆에서 형님, 형수 그리고 외삼촌이 숨을 죽인 채 지켜보고 있었다. 수화기 너머로 교무실의 웅성거림이 잠시 스치더니, 곧 대답이 들려왔다.
"없습니다."

그 순간, 세상은 텅 비었다. 그는 답안지에 줄을 긋고 옮겨 쓰면서부터 이미 예상은 했지만, 막상 그 말을 듣자 아무 말도 할 수가 없었다. 수화기를 쥔 손이 저릿하게 굳고, 심장은 무너져 내리는 돌덩이 같았다.
형님이 전화기를 낚아채듯 받아 다시 한번 더 확인을 부탁했다. 잠시 후, 역시 "없습니다."
이제 전화기 너머로 똑똑히 들렸다. 눈가에 뜨겁게 차오르는 무언가를 더는 붙들 수 없었다. 눈물이 터져 나왔고, 그 차가운 음성이 귀 속에서 맴돌았다. 달력 속 날짜는 곧 봄을 가리키고 있었으나, 소년의 세상은 겨울보다 더 차갑게 얼어붙었다.

울음을 그치지 못하는 조카를 보며, 막내 외삼촌은 조용히 그의 어깨를 감싸며 달랬다. 그러나, 지금도 때때로 우는 울음을 그때 그쳤을 리가 만무했다.

외삼촌은 말없이 소년의 손을 잡아끌더니, 택시에 태웠다. 영도 초입에 어느 다방으로 들어갔다. 문을 열고 들어서니, 문에 달아둔 종이 가늘게 울렸고, 흑백TV에서 MBC 일일연속극 〈간난이〉가 재방송되고 있었다.

소년은 난생처음 다방에 앉았다.
눈가가 여전히 젖어 있었지만, 세상은 잠시 다른 풍경으로 바뀌는 듯했다. 외삼촌은 메뉴판도 보지 않은 채 능청스럽게 말했다.
"아가씨, 그 차에 닭 한 마리 넣어주소. 오늘은 두 잔이라요"
외삼촌은 자주 오는 듯했다. 순간, 소년의 입가에서 피식 웃음이 솟았다.
찻잔에 닭 한 마리를 어떻게 넣는다는 말인가. 그러나, 잠시뿐 눈물은 그치지 않았다. 얼마 후에 아가씨가 차 두 잔을 가지고 왔다. 새까만 차 위에 계란 노른자가 둥근 그대로 동동 떠있었다.
"이 학생이 왜 이리 우는교?"
대학시험에 떨어졌다네요. 외삼촌이 낮은 목소리로 어렵게 말했다. 아가씨가 다가와 앉으며 달래기 시작했다.

외삼촌은 더는 울음을 잡을 수 없는 조카를 데리고, 다방을 나섰다. 그리고는 인근 술집으로 데리고 들어갔다. 술집도 소년에게는 처음이었다.

낡은 나무탁자 위로 막걸리가 대접으로 나왔다. 술대접을 소년 앞으로 밀며, 외삼촌이 말했다.

"술을 마시면 좀 나아질 거다."

소년은 주저하다가 외삼촌의 권유에 입을 댔다.

첫 모금은 달착지근했으나 곧 씁싸래함이 있었다. 조금씩 마셨으나, 처음에 빈 속이라, 금세 세상은 흐릿한 안개 속에 잠겼다.

소년은 자꾸만 고개를 떨구었다. 눈앞의 모든 것이 빙글빙글 도는 것 같았다.

술집 문을 나서니 바로 제방이었다. 제방 위에 서니, 바닷바람이 정수리를 세차게 때렸다. 몸은 비틀거렸고, 순간 제방 아래에 있던 바닷물이 와락 달려들었다. 소년은 제방 바닥에 털썩 주저앉았다.

어떻게 집에 돌아왔는지 기억나지 않았다. 갑자기 구토가 나서 일어나려 했으나, 이불 무게에 눌려 몸을 일으킬 수가 없었다.

형님은 신혼이었다. 술을 하지 않았던 형님은 당황했고, 취한 사람을 다룰 줄 몰랐던 형수는 소년이 자꾸 춥다고 하자, 이불을 있는 대로 몇 겹이나 덮어놓았던 것이다.

소년은 한동안 절망 속에 지냈다.

눈을 감으면, 그날 수화기 너머의 차가운 목소리가 들려왔다.

"없습니다."

삶의 첫 실패였다. 세상에 얼굴을 들기조차 부끄러웠다. 그러나 오래 눈을 감고 있을 수만은 없었다. 다시 일어나야 한다는 소리가 그의 안에서 조금씩 들려왔다.

성균관 대학을 가서 법학도의 길을 계속 걸을 것인가, 아니면 전혀 다른 길을 찾을 것인가.

낙방은 지워지지 않았다. 잘못 들어앉은 답처럼, 마음속에 검은 상흔으로 남아 있었다. 그럴수록 그 위에 더 굵은 줄을 긋고, 다시 써야 한다는 생각이 점점 선명해졌다.

외국어를 배우면 해외로 나갈 길이 열릴지도 모른다.

그 길 끝에서, 전혀 다른 세상을 만날지도 모른다. 눈가에는 아직 말라붙은 눈물 자국이 부석했으나, 그 다른 길에 대한 다짐은 조금씩 굳어 갔다.

소년은 마침내 낙방의 쓰라림에 더 굵은 줄을 긋기 시작했다.

그해, 그는 법학 대신 외국어의 길을 택했다. 그 길은 곧 더 넓은 세계로 나아가는 첫 걸음이자, 장차 무역업으로 이어질 가능성이었다.

그는 한국외국어대학 영어과에 입학했다. 그러나 교내 분위기는 여기도 온통 법학 쪽이었고, 외무고시를 준비하는 학생도 많았다. 시몽은 잠시 흔들렸으나, 곧 원래의 결심대로 돌아왔다.

영어를 전공하면서 무역을 부전공으로 택했다.

대학 시절, 그는 학과공부에 쏟은 시간보다 무역사 자격증과 무역영어 검증시험 준비에 더 많은 시간을 쏟았다. 결국 두 시험 모두 통과

한 뒤에는 삼각지에 있는 오퍼상 '현우무역' 등에서 아르바이트를 하며, 책에서 배운 무역실무를 현장에서 익혔다.

가난은 학창시절 내내 그의 곁을 떠나지 않았지만, 다행히 대학에서 제공하는 장학금 덕분에 대학 4년을 굳게 버텨낼 수가 있었다.

졸업을 앞둔 어느 날, 시몽은 양인석 학장실로 불려 갔다.

그곳엔 이미 친구 김인석이 와있었다. 책상 위에는 두툼한 서류 봉투 두 개가 놓여 있었다. 양 학장은 은근한 미소를 지으며 말을 건넸다.

"자네들, 미국으로 유학 가지 않겠나? 장학금과 학비지원도 보장돼 있다네. 시몽! 너는 Syntax(구문론), 김인석! 너는 Linguistics(언어학). 어때? 학문연구를 이어가기엔 더없이 좋은 기회일 거야. 다만 조건이 있네. 졸업 후에 반드시 이 학교로 돌아와야 하네."

순간, 그의 가슴이 요동쳤다.

김인석이 설레며 떨리는 목소리로 먼저 답했다.

"예. 감사합니다."

시몽은 잠시 눈을 감았다. 눈앞에 화려한 길이 열려 있었지만, 그의 마음속에는 다른 길의 그림자가 어른거리고 있었다. 그리고 곧 눈빛이 또렷해졌다.

'그 건 나의 길이 아니다. 내가 준비해온 길이 아니다.' 그는 단호히 고개를 저으며 말했다.

"저는 아닙니다. 하지만, 감사합니다."

목소리는 짧았으나 확고했다. 학장은 놀란 듯 그를 바라보았지만,

그는 더 설명하지 않았다. 유학의 길은 화려해 보였으나, 그가 입학하기도 전에 정한 자리는 무역의 현장이었다. 그곳에서 삶의 답을 다시 써 내려가리라는 다짐이 그의 발걸음을 이미 오랫동안 이끌어 오고 있었다. 교정을 나서며, 그는 어깨에 흩날리는 눈송이를 손끝으로 털어내며 속으로 중얼거렸다.

"유학, 그건 나의 길이 아니었다."

그 순간, 시몽은 문득 지난 어느 겨울이 떠올랐다. 영등포역, 그 아주머니는 지금 어디에서, 어떻게 살아가고 계실까?

"시험 잘 쳐요, 학생."

그 짧으나 따뜻한 한 마디가 아직도 시몽의 가슴 속에 남아 있었다. 그러나 낙방한 뒤 끝내, 그는 다시 찾아가지 못했다.

그 겨울이 떠오를 때마다, 아주머니의 그 말이 함께 되살아나 그는 눈시울을 적셨다.

"법학, 그건 나의 길이 아니었다."


**1979년의 겨울, 공기는 여전히 차가웠다.**

시몽은 대학을 졸업하고, 대기업 K그룹에 입사원서를 냈다. 그 당시 경제는 깊은 불황 속에 있었고, 신문 지면마다 '채용 축소'라는 활자가 굵게 박혀 있었다.

서울역 맞은편, 대우빌딩 뒤편에 본사 건물이 있었다.

12층 복도에 1차 합격자들이 차례로 호명되었다. 영어과는 모두 여섯 명이었으나, 친구 김인석은 이미 유학의 길을 택했으므로 이 자리에 없었다.

남은 다섯 청년들이 벽을 따라 줄지어 앉아 있었다. 창가에 서면 예전에 그 서울역 파출소와 20번 버스 정류장이 내려다 보였다.
누군가는 손수건으로 이마에 땀을 닦고, 누군가는 그저 두 손을 무릎 위에 모은 채 눈을 감고 있었다. 면접실 문은 굳게 닫혀 있었고, 그 앞에 붙은 작은 종이가 이 순간의 분위기를 말해 주고 있었다.
"채용면접 진행 중."

잠시 후, 첫 번째 면접자가 문을 열고 나왔다. 그의 얼굴에는 아무 표정도 없었다.
기다리던 청년들은 우루루 몰려들어 무얼 물어보더냐고 다그쳤으나, 그는 눈길조차 주지않고, 그저 묵묵히 복도를 따라 걸어가 버렸다. 의자에 앉은 모두의 어깨가 묵직하게 내려앉았다. 말없는 퇴장은 오히려 가장 확실한 대답이었다.

시몽은 두 번째였다. 복도에는 벽시계 초침 소리만 또렷하게 울렸다.
"다음."
안쪽에서 낮은 목소리가 들렸다. 그의 심장은 쿵 하고 내려앉았다. 의자에 놓인 손바닥이 축축하게 젖어 있었다. 수화기 너머 '없습니다'에서 시작된 지난 다짐이— 그 모든 길이 지금 이 문 앞에 이어져 있었다. 그는 깊게 숨을 들이쉬었다.
그리고 천천히 일어나, 면접실 문을 향해 걸음을 옮겼다.

그는 떨리는 손으로 노크를 하고 문을 열었다.
안에는 길게 뻗은 회의용 탁자가 가로로 놓여 있었고, 그 너머로 다섯 명의 면접관이 앉아 있었다. 그들의 모든 시선이 동시에 시몽을 향했다.
차갑고 투명한 유리창 같은 눈빛들― 작은 흠결 하나라도 놓치지 않고 찾아낼 것만 같았다. 그 시선 앞에서 그는 잠시 숨이 멎는 듯했다.
"이름." "출신 학교."
신원 확인은 간단했다. 이어서 몇 가지 형식적인 질문이 이어졌다.
그는 나름대로 확신에 차서 답했지만, 목소리는 생각보다 낮게 깔려 나왔다.

한 면접관이 잠시 고개를 끄덕였으나, 다른 이들은 그저 그렇다는 듯 무표정이었다. 서류를 뒤적이는 소리만 사무실 안을 메웠다.
잠시 가운데 앉은 이를 중심으로 뭔가를 상의하는 듯했고, 짧은 침묵이 이어졌다. 마침내 가운데 앉은 이가 시선을 들어 말했다.
"돌아가서 개별통보를 기다리시오."
그 말은 형식적인 안내에 불과했지만, 시몽에게는 또다시 '불합격을 기다리라'는 말처럼 들렸다. 그는 자리에서 일어서려다 멈췄다.
그 순간, 가슴 깊은 곳에서 울컥 치밀어 오른 것이 있었다.

소년 시절의 국어시험지, 그은 줄 위에 다시 써 내려가던 답안들,

"없습니다"라던 수화기 너머 차가운 목소리, 끝내 찾아가지 못한 영등 포역 아주머니 말까지—모두가 한순간에 되살아 났다.

시몽은 고개를 천천히 저었다. 그리고, 면접관에게 단호히 말했다.
"안 됩니다."
한순간에 들어올 때처럼 모든 시선들이 다시 그를 향했다.
그는 잠시 숨을 고르더니, 떨리는 손을 탁자 위에 올리고 또박또박 말을 이어갔다.
"저는 다른 회사에 일절 원서를 내지 않았습니다. 오직 K그룹에만 냈습니다. 여기서 합격이라고 말씀해주시기 전에는 나갈 수가 없습니다."

그 순간, 방 안의 공기가 바뀌었다.
앞까지는 무심히 종이를 넘기던 면접관들의 손이 멈췄다. 정적이 무겁게 가라앉은 가운데, 시몽의 목소리만이 장도처럼 허공을 가르고 있었다. 그 말은 단순한 고집이 아니었다.
살아남기 위한, 아니 살아가기 위한 절박함이었다. 그는 눈빛 하나 흔들리지 않았다. 당황한 것은 오히려 면접관들의 손끝과 시선이었다.

방 안에는 여전히 침묵이 흘렀다.
그러나 그 침묵은 더 이상 냉혹한 무심함이 아니었다. 새로운 무게와 긴장이 서린 침묵이었다.

숨 막히는 정적 속에서, 가운데 앉은 면접관이 두 젊은 면접관을 바라보며 말했다.

"무역관련 해서 물어보게. 영어로 묻고, 영어로 답하게 하고."

왼쪽 끝에 앉은 젊은 면접관이 약간의 뜸을 들이더니, 마침내 입을 열었다. 목소리는 낮았으나, 묘하게 날이 서 있었다.

"Stale B/L이란 무엇인가?"

영어로 물었다. 긴장한 시몽은 순간 가슴이 철렁했으나 곧 또렷한 영어로 답했다.

"A Stale Bill of Lading refers to a bill of lading that is presented to the bank after the presentation period specified in the letter of credit, usually 21 days from the shipping date. 즉, 신용장에 명시된 선하증권 제시일 이후에 제시된 선하증권을 뜻합니다. 제시일은 보통 선적일로부터 21일입니다"

짧은 순간, 방 안의 공기가 약간 흔들렸다. 면접관들이 고개를 끄덕였다.

곧바로 오른쪽 끝에 앉은 이가 이어 유창한 영어로 물었다.

"All Risk보험에서 standard exclusions란 무엇인가?"

시몽은 이번에도 잠깐 숨을 고르고는 곧바로 답했다.

"Even under an All Risk Policy, there are certain risks considered uninsurable. These are called standard exclusions, which require separate coverage. For example, War, Strike etc. 즉, 전위험담보 보험이라고 해도 표준적으로 담보되지 않는 위험을 말합니다. 이는 별도 보험으로 커버해야 합니다. 예를 들면, 전쟁이나 파업 등입니다."

대답은 준비한 듯, 매끄럽고 흔들림 없었다.
그의 목소리는 더 이상 절박한 청년의 떨림이 아니었다.
전공과 부전공 속에서 단련된 지식이, 마침내 빛을 발하고 있었다. 이미 무역사자격증과 무역영어검증시험을 패스한 시몽에겐 어려운 질문이 아니었다.

탁자 너머의 시선들이 순간 달라졌다.
시몽은 깊게 숨을 들이쉬었다. 방금 전까지의 절박함은 여전히 남아 있었지만, 그 위에 새겨진 건 안도였다. 그들의 표정이 말해 주고 있었다. 가운데 앉은 분이 면접지를 넘기던 손길을 멈추고, 천천히 기록을 남겼다.

수험교실처럼 고요한 면접실 안.
시몽의 손끝에는 여전히 긴장의 땀이 맺혀 있었고, 귀에는 자신의 심장 소리가 또렷하게 울렸다. 그때, 가운데 면접관이 옆자리에 앉은 동료들과 눈빛을 주고받았다.
말은 없었지만, 그 짧은 교환 속에 무언가가 이미 정해진 듯했다. 잠시 후, 가운데 면접관이 천천히 그리고 수 차례 고개를 끄덕였다.
그리고 낮지만 단호한 목소리로 말했다.
"자네, 와서 일하게."

짧은 단 한 마디였지만, 그 순간 방 안의 공기는 전혀 다른 결을 가졌다. 날카롭게 서 있던 정적은 부드럽게 풀어졌고, 소년시절부터 시몽의 어깨 위에 오래 짓누르던 무게가 한결 가벼워졌다. 그는 고개를 숙이며 짧게 대답했다.

"예, 감사합니다."

그의 목소리는 떨렸으나, 줄을 긋고 다시 쓴 답이 마침내 받아들여진 순간이었다.

삶은 시험지가 아니다. 정답은 없다.
그러나 내가 써야 할 답안지는 오직 한 장뿐이다.
그래서 삶이란,
때로는 줄을 긋고, 그 위에 다시 써 내려가도 좋은 것이다.

## 양현근 시인

1998년 《창조문학》으로 등단.
2009년 《시선》특별발굴시인으로 선정.
2011년 서울문화재단 창작기금 수혜.
2024년 《시선 문학상》대상 수상.
시집: 『수채화로 사는 날』, 『안부가 그리운 날』,
『길은 그리운 쪽으로 눕는다』, 『기다림 근처』
『산벚나무가 있던 자리』, 『별을 긷다』 등.

# 아파트

**양현근**

어머니의 서랍을 열면 아직도 바닐라향과 약 냄새가 스며 있다. 나는 서랍을 열었다 닫았다. 새벽 복도에는 오토바이 소리가 멎고, 바람만 휘돌아 나갔다. 손끝에 닿는 종이의 가벼운 무게. 진단서, 영수증, 처방전. 종이는 늘 현재였으나, 사진 속 얼굴들은 조금씩 늙어 있었다.

아버지가 떠났을 때 서랍은 다시 열렸다. 형광펜, 전단지 잉크, 도장의 붉은 물감. 냄새들은 금액과 평수를 말했고, 우리는 숫자를 따라갔다. 몰랐다. 냄새가 기억을 덮고 목소리까지 바꿀 줄은.

어머니가 세상을 떠난 해, 나는 고등학교 입학식에서 명찰을 잃어버렸다. 이름표가 없는 나는 출석부에서 잠깐 사라졌고, 누군가가 내 자리에 앉았다. 그날 나는 교문을 나와 곧장 병원으로 달려갔다. 병실은 소독약 냄새로 가득했으나, 귤과 바나나의 단내가 스며 있었다. 어머니의 떨리는 손끝에 내 손을 포개었다. 우리는 말없이 체온만 확인했다.

장례식장은 붐볐고, 나는 소매를 만지작거렸다. 언니들은 봉투와 국화를 정리했다. 나는 자판기 커피를 뽑았다. 뜨거운 종이컵을 감싸 쥘 때만 손바닥이 살아났다. 그 온기만이 내 것이었다. 집으로 돌아온 첫날 밤, 어머니의 방문을 열지 못했다. 문손잡이를 잡은 채 서로 눈치를 봤다. 빈방은 건조했고, 오래된 라디오 잡음 같은 공기만 있었다. 그날 밤 아버지는 혼자서 깡소주를 마셨다. 벽을 보다가 식탁을 내리쳤다. 컵이 흔들렸으나 엎어지지 않았다. 나는 놀라지도 울지도 않았다. 울음은 이미 장례식장 화장실에서 다 써버렸다.

어느 해 여름, 새엄마가 들어왔다. 가방 두 개. 하나는 옷과 화장품, 하나는 칼과 도마, 양념통. 들어오자마자 부엌으로 향해 국을 끓였다. 된장 냄새가 집을 채웠다. 언니들은 눈을 피했고, 나는 숟가락통을 열었다 닫았다. 금속성 잔소리가 번졌다. 그녀는 신발을 벗은 채 집의 온도를 재듯 서 있었다. 복도의 먼지를 닦고, 냉장고에 메모를 붙였다. "퇴근 늦을 것 같아요, 탕 데워 드세요." 글씨는 단정했다. 국솥은 아직도 온기를 기억하고 있었다.

그녀의 손에는 비닐 냄새와 마늘 냄새가 겹쳐 있었다. 그 손은 흘리지 않는 법을 알고 있었다. 식탁 위에 접시를 돌려 놓으며 말했다. "매운 건 오른쪽에." 언니는 짧게 대답했다. 짧음은 차가움이 아니라 어색함의 길이었다.

어느 저녁, 새엄마가 시래기 우거짓국을 끓이며 말없이 내 밥그릇을 채웠다. 나는 숟가락을 들었다가 내려놓았다. 미지근한 공기 속에서 찰진 쌀밥의 알갱이들이 서로 달라붙어 있었다. 아버지는 두세 숟가락을 후루룩 넘기고 자리를 떴다. 그녀가 밀어 놓은 반찬들이 식탁 위에 줄지어 있었다. 그 줄은 누구에게든 공평했다. 그날 밤, 설거지를 하다가 접시 하나를 떨어뜨렸다. 깨지는 소리가 맑았다. 그녀는 놀라서 잠깐 멈췄다가 조각을 차근차근 주워 담았다. "미안." 그 말은 내 쪽으로 와서 식탁 모서리를 돌아 부엌 조명 아래 잠시 머물렀다.

나는 고개를 끄덕였다. 그날 이후로 접시는 더 조심히 다뤄졌다.

사흘째, 그녀는 어머니 사진을 안방으로 옮겼다. 액자를 닦으며 말했다. "햇빛이 비껴드는 데가 좋아서." 못자국에는 시간이 걸려 있었지만, 그녀는 빈자리에 시계를 걸었다. 알람 소리는 새 시간의 표시였다.

그녀의 말은 짧고 정확했다. "먹어." "춥다." 언니들의 말은 늘어졌다. 나는 고개를 끄덕였다. 빛나는 바닥 위에서 조심히 걸을 때, 그 반짝임은 애쓴 손의 흔적이었다.

비 오는 토요일 새벽, 그녀는 시장에서 장을 보고 돌아왔다. 군청색 우산을 등 뒤로 젖힌 채 대파에 고인 파란 물이 뚝뚝 떨어졌다. 손잡이에 걸린 장바구니는 물에 젖을수록 더 무거워졌다. 장바구니의 비닐이 풀려나갈 때 나는 그 무게를 처음 보았다. 무게는 소리가 있었다. 감자가 바닥을 두 번, 무 두 덩이가 한 번. 그녀는 젖은 바닥을 먼저 닦고서야 칼을 들었다. 도마에서 나는 규칙적인 소리. 탁, 탁, 탁. 그 소리가 우리 집의 아침 종소리처럼 느껴졌다.

큰언니가 첫째 아이를 낳았을 때, 그녀는 미역국 냄비를 안고 첫 차에 올랐다. 아기의 발을 오래 바라보았다. "발이 너무 귀여워요." 큰언니는 "고마워요."라고 했다. 말끝이 과하게 높지도 낮지도 않았다. 그날 밤 그녀가 돌아오는 버스 안, 돌아오는 버스 안 광고판에는 전세, 대출, 투자 설명회. 숫자가 일상의 문장이었다.

아파트 단지는 계절마다 소리를 바꿨다. 봄엔 운동장, 여름엔 베란다 수건, 가을엔 계단 낙엽, 겨울엔 보일러. 나는 대학에 갔고 둘째언니도 결혼했다. 집에는 아버지와 그녀만 남았다. 장바구니, 반찬통, 끈 묶는 방식이 바뀌었다. 바뀜들이 시간이 되었다. 간혹 집에 가면, 그녀는 사과를 깎았다. 긴 껍질이 접시에 동그랗게 쌓였다. 나는 고맙다 말하지 않았다. 대신 포크로 찍었다. 물방울이 접시를 적셨다. 그녀는 재빨리 닦았다. 숙련된 손놀림이었다. 아버지는 늙어갔다. 말은 단순해졌다. "어디 가냐." "언제 오냐." 문손잡이는 체온을 기억했다. 문만이 집의 비밀을 아는 듯했다.

　아버지가 세상을 떠난 날, 봄비가 내렸다. 장례식장에는 조문객의 우산이 넘쳐났다. 그녀는 검은 재킷을 입고 분향소 앞을 지켰다. 우리는 상주 리본을 달았다. 서로의 눈을 피해가며 절을 했다. 빈소 앞 벽시계의 초침이 커다랗게 들렸다. 초침이 움직일 때마다, 나의 잔등이 조금씩 젖었다. 큰언니는 늘 그렇듯 실무를 맡았다. 영정사진을 고르고, 부의금을 정리하고, 화장터 시간을 확인했다. 둘째는 친척들의 전화를 받았다. 나는 가끔 빈소 밖으로 나가 비를 맞았다. 비를 맞으면 슬픔이 겉으로 나오지 않았다. 슬픔은 방수였다. 발인날, 그녀가 영정 앞에서 울었다. 울음은 조용했고, 오래였다. 울음 사이로 그녀가 중얼거렸다. "저녁 약, 잊으면 안 되는데." 그 말은 누구를 향한 것인지 알 수 없었다. 이미 잊은 것이 너무 많았기 때문에, 아니면 잊지 않으려는 것들이 아직 남아 있었기 때문에.

　장례가 끝나고 집에 모여 사진을 나눴다. 앨범을 펼칠 때마다 누군가가 기침을 했다. 그녀는 한 발짝 떨어져 앉았다. 그녀의 자리에는 테이블 모서리가 있었다. 큰언니가 말했다. "유품은 나중에 정리하시죠." 그녀는 고개를 끄덕였다. 고개를 끄덕였지만, 손은 사진첩 가장자리를 붙잡고 있었다.

  그날 저녁, 큰언니가 새엄마를 초대하여 단체 채팅방을 만들었다. 방 이름은 단순했다. "상속." 둘째가 첫 메시지를 보냈다. "등기부 떼 봐." 나는 답장을 쓰다가 지웠다. 그때 그녀의 메시지가 들어왔다. "내일 등기부 떼어 드릴게요." 이름 뒤에 붙은 존댓말이 무심하게 우리 사이를 정리했다. 채팅방에 단어들이 쌓였다. 등기부, 감정가, 시세, 호가, 잔금일. 둘째가 물었다. "LTV가 어떻게 되지?" 큰언니가 답했다. "전세 받아서 갭 줄이면" 말줄임표가 길어지는 동안, 그녀는 싱크대 물기를 닦았다. 접시를 세 개, 컵을 네 개, 수저를 여섯 벌. 가만히 포개 두고, 마지막에 식탁 위에 보리차 한 주전자와 종이컵을 놓았다. 말이 숫자가 되는 동안, 손은 집을 집으로 만들었다.

  변호사는 젊고 친절했다. 그는 우리에게 가능과 불가능을 나누어 보여주었다. "배우자의 법정상속분은… 그래도 가압류를 걸어두면 처분은 못 합니다." 우리는 고개를 끄덕였다. 고개를 끄덕일수록 마음속 문턱은 낮아지는 줄 알았다. 그러나 종이들이 쌓일수록 문턱은 높아졌고, 말수는 줄었다. 그녀는 변호사 사무실에 한 번 나타났다. 무릎 위 가방의 지퍼를 한 번만 올렸다. "아버지 약값 영수증… 다 모아 놨습니다." 그녀가 조심스레 내어놓은 봉투에는 병원명과 날짜가 순서대로 적혀 있었다. 변호사는 고개를 끄덕였다. 봉투 끝을 다시 정리하며 그녀가 말했다. "혹시 빠진 게 있으면… 얘기해 주세요." 정중한 어휘가 방의 온도를 잠깐 낮췄다. 낮아진 온도에서 계산기는 더 또렷한 소리를 냈다.

가압류 결정이 떨어지자, 부동산에서 전화가 왔다. "매물 내놓으실 거죠? 요즘 시세 좋아요." "그러나 가압류 붙은 집은 7~8퍼센트 싸게 내놔야 팔려요." 언니들의 목소리는 가벼워졌다. 그러나 내 귀에는 무겁게 들렸다. 제값을 받을 수 없다는 자각. 무거운 목소리는 움직이기 어렵다. 나는 잘 움직이지 않았다.

매물로 등록되자, 집은 갑자기 사람들의 발소리를 기억해야 했다. 중개사는 빨리 걸었다. 방문을 열고, 창을 열고, 베란다를 가리키고, 화장실의 환기팬을 켰다. 환기팬이 작게 울었다.

그들의 시선은 베란다 밖으로 가 있었다. 멀리 초등학교 운동장이 보였다. 방과 후 강아지들이 뛰어다녔다. 강아지들의 발소리는 우리에게 오지 않았다. 젊은 여자는 큰 방문을 열고 중개사에게 조용하게 말했다. "가압류가 되어 있는데, 위험하지 않겠죠?" 중개사는 웃었다. "상속 지분만 잘 정리하면 문제없을 겁니다."

집은 팔렸다. 계약서 위에 놓인 그녀의 손이 떨렸다. 떨림은 오래된 전등처럼 깜빡였다. 잔금이 들어왔다. 문자 알림이 동시에 울렸다. 우리는 같은 곳을 보았으나, 각자 다른 생각을 품었다. 큰언니는 전세 계약서를, 둘째는 학원비를, 나는 아무것도 떠올리지 않으려 애썼다.

계약서는 두툼했다. 계약서에는 알아보기 어려운 글씨체의 부동산 이름이 찍혀 있었다. 첫 장을 넘기자, 작은 글씨가 쏟아졌다. 나는 작은 글씨를 천천히 읽었다. 큰언니는 빨리 넘겼다. 둘째는 형광펜으로 표시했다. 그녀는 우리보다 늦게 사인을 했다. 사인하는 동안, 손이 약간 떨렸다. 떨리는 손은 오래된 전등처럼 깜빡였다. 계약금이 들어왔다. 계약금은 문자로 먼저 도착했다. 나는 휴대폰 화면을 몇 번이

나 새로고침했다. 새로고침이 사람의 마음을 바꿀 수는 없지만, 잠깐은 가능할 것 같았다. 큰언니가 말했다. "됐다." 둘째가 따라 말했다. "됐다." 나는 아무 말도 하지 않았다. 됨과 안 됨 사이에는 언제나 누군가의 마음이 있었다.

사람들이 다녀간 날, 그녀는 커튼을 내렸다. 커튼에는 햇빛이 깊게 스며 있었다. 그녀는 천을 천천히 접었다. 접는 손끝에 작은 실밥이 달라붙었고, 그녀는 그것을 조심스레 떼어냈다. 마치 오래된 상처의 가느다란 딱지를 벗기는 듯한 섬세한 동작이었다. "아버지가 제일 좋아하던 커튼이에요." 목소리는 낮고 단단했다. 언니들은 아무 말도 하지 않았다.

나는 커튼의 냄새를 맡았다. 세제와 햇빛이 뒤섞인, 오래된 기억의 냄새. 그것은 아군도 적도 아닌, 그저 시간의 편에 서 있는 냄새였다. 순간, 집 안의 공기가 바뀌는 듯했다. 환기가 아니라 정리, 정리가 아니라 안치. 그녀의 손이 커튼을 개어 넣는 동안, 방 안의 기억들이 얇은 천 속에 곱게 눌려 들어가는 느낌이었다.

그녀는 한 장의 사진을 골랐다. 아버지가 크게 웃던 모습, 해수욕장의 파도 속에서 물장구를 치며 무언가를 외치던 순간. 그러나 사진에는 소리가 찍히지 않기에, 그 목소리는 끝내 알 수 없었다. 그녀는 사진을 잠시 가슴께에 대었다가 가방 속으로 밀어 넣었다. 잠금 버튼을 누르는 손끝이 천천히 멈췄다. 더 이상 우리와 공유되지 않을 기억. 그 동작은 단순히 화면을 닫는 것이 아니라, 한 시대의 문을 닫는 의식처럼 보였다. 커튼과 사진, 두 개의 닫힘이 겹쳐지자, 집은 이전보다 조금 더 고요해졌다. 고요 속에서 나는 깨달았다. 우리가 붙잡지 못한 것들은 누군가의 손끝에서, 가장 조용한 방식으로 정리되어 간다는 것을.

　변호사 사무실에서 분배표를 받았다. 표에는 이름들이 줄줄이 서 있었다. 각자의 몫 옆에는 금액이 있었다. 금액 옆에는 소수점이 없었다. 소수점 없는 돈은 현실적이었다. 그녀의 몫은 우리가 생각한 것보다 조금 많았다. 큰언니는 입술을 맞물렸다. 둘째는 계산기를 두드렸다. 나는 숨을 들이마셨다. 들이마신 숨이 오래 머물렀다. 은행에서 각자의 계좌로 돈이 흘러갔다. 돈은 방향을 잃지 않았다. 문자 메시지가 거의 동시에 도착했다. 우리는 동시에 화면을 들여다봤다. 그 순간만큼은 같은 곳을 바라봤다. 그러나 우리의 눈동자는 서로 다른 생각을 비추고 있었다. 큰언니는 전세 계약서를 떠올렸고, 둘째는 아이의 학원비를 떠올렸다. 나는 아무것도 떠올리지 않으려 애썼다. 애쓰는 동안 눈앞이 잠깐 흐려졌다.

　은행 맞은편 카페에 우리는 앉았다. 커피는 많은 것을 중립으로 만든다. 나는 커피를 마시고 싶지 않았다. 그럼에도 컵을 들었다. 따뜻함은 잠깐 좋았다. 컵을 내려놓고 나는 말했다.
　"나… 이러고 싶지 않았어." 내 목소리는 생각보다 작았다. 그러나 내 귀에는 크게 들렸다. 언니들은 고개를 숙였다. 큰언니는 종이컵 가장자리를 손톱으로 긁었다. 둘째는 휴대폰을 뒤집었다. 나는 계속 말했다. "처음부터 이렇게 하려고 모인 거 아니잖아. 아버지 집이, 그냥 집이었을 때가 있었잖아. 그때 우리는 서로에게 가족이었잖아." 누군가가 콧김을 훅 내쉬었다. 카페 문이 열리고 닫혔다. 나는 울었다. 울음을 참으려면 입술을 깨물어야 하는데, 그날은 그러지 않았다. 울음은 허벅지에서 올라와 목까지 한 번에 차올랐다. 나는 입을 가렸다. 손바닥이 젖었다. 젖은 손바닥을 테이블 아래로 내렸다. 큰언니가 물티슈를 내밀었다. 둘째가 내 어깨를 두드렸다. 그 손놀림은 낯설지 않았다. 우리는 아직 가족처럼 보였다. 그게 가장 잔인했다.

이삿날, 새 주인이 들이닥쳤다. 젊은 부부였다. 여자아이가 있었다. 아이는 베란다에 서서 창밖을 보며 소리를 질렀다. "와, 학교 보인다!" 아이의 소리에는 아직 돈의 모양이 없었다. 나는 그 소리가 부러웠다. 그녀는 마지막으로 집을 돌아보았다. 싱크대 하부장을 열었다 닫았다. 욕실 거울을 한 번 닦았다. 방마다 전등 스위치를 눌렀다. 스위치는 모두 잘 작동했다. 마지막으로 현관 앞에서 신발을 고쳐 신었다. 그녀가 고개를 들어 우리를 봤다. 우리는 동시에 고개를 끄덕였다. 그녀가 말했다. "잘 살아." 잘 살라는 말은 쉬웠다. 쉬운 말일수록 무거운 뜻을 가진다. 그녀는 엘리베이터를 타고 내려갔다. 우리는 계단으로 내려갔다. 내려가는 동안 우리 사이에 아무 말도 오가지 않았다. 계단참의 작은 창으로 오후 햇살이 들어왔다. 페인트가 조금 벗겨진 벽에 빛이 눌어붙었다.

봄이 오면 아파트 단지 벚나무는 다시 꽃을 피운다. 새 주인은 베란다에 흰색 커튼을 달았다. 바람이 불면 커튼이 무성한 식물처럼 흔들린다. 나는 일부러 그 길을 돌아간다. 돌아가며 나는 주머니 속 휴대폰을 쥔다. 언니들에게 전화를 걸까 말까. 그녀에게 안부 메시지를 보낼까 말까. 망설임은 늘 현재형이다. 은행 앱의 아이콘은 매번 같은 자리에서 반짝였다. 공과금, 적금, 펀드, 대출. 큰언니는 새 계약서를 서랍 맨 위 칸에 넣었다. 둘째는 아이의 학원비 자동이체일을 바꾸었다. 알림의 소리는 제각각이었지만, 모두 돈이 제 목소리를 가진 채 울렸다. 그 사이, 그녀는 번호가 지워진 오래된 휴대폰을 꺼내 사진을 한 장 더 지웠다. 바닷가에서 물장구치던 아버지. 사진에는 소리가 없었지만, 지우는 동작에는 작은 숨이 실렸다. 그녀는 창밖을 보았다. 벚나무 가지 끝에 맺힌 봉오리들이 바람에 흔들렸다. 계절은 늘, 우리의 계산보다 빠르게 온다.

은행 계좌에는 잔고가 남아 있다. 잔고는 화면 속 숫자로 매일 조금씩 모양을 바꾼다. 그 숫자에는 아무 냄새가 없다. 냄새가 없다는 건 기억이 오래 가지 않는다는 뜻이다. 대신 가끔 꿈을 꾼다. 어머니가 쓰던 서랍이 열리고, 바닐라향과 약 냄새가 함께 밀려온다. 나는 서랍 앞에 오래 앉아 있다. 그 냄새 속에서, 나는 다시 가족이 된다. 아주 잠깐. 나는 다시 걸음을 옮긴다. 벚꽃잎이 발을 덮는다. 흩어진 꽃잎 사이로 작은 개미들이 줄을 잇는다. 어디로 가는 줄 모르지만 분명 목적지가 있을 것이다. 나는 발끝으로 조심히 길을 낸다. 길은 항상 누군가의 조심으로 만들어졌다. 그 조심 속에서 나는 한 가지 문장을 떠올린다.

나, 이러고 싶지 않았어.

그리고 조금 늦게 덧붙인다.

그래도, 잘 살아.

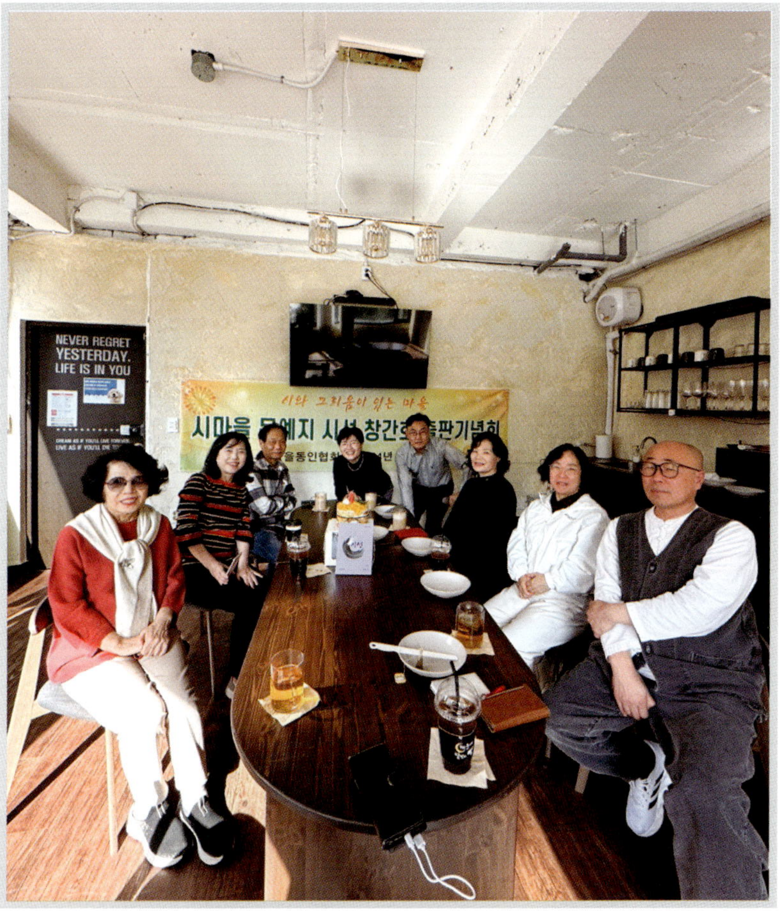
NEVER REGRET
YESTERDAY.
LIFE IS IN YOU
시와 그리움이 있는 마을

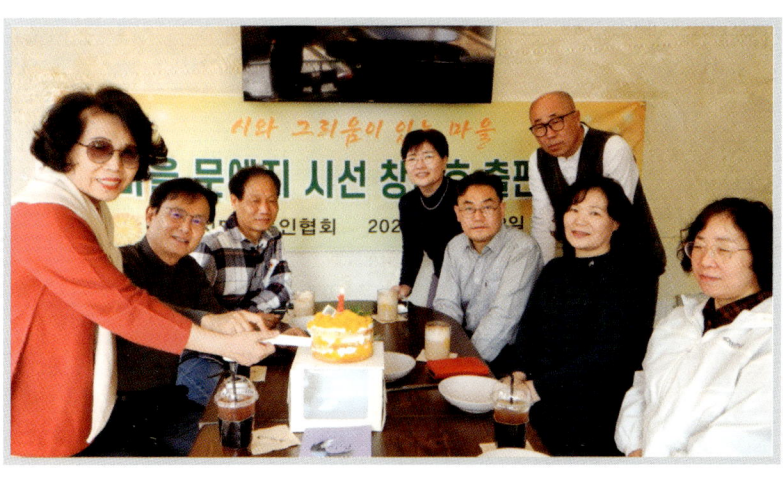

## 시마을 동인화보

## 시마을 동인화보

시마을 동인화보

2025년 Vol.02

초판인쇄 | 2025년 10월 20일
초판발행 | 2025년 10월 25일

지 은 이 | 장승규
편집위원 | 최정신 허영숙
주    소 | 서울특별시 송파구 올림픽로 135 리센츠@ 230-801
연 락 처 | 02-417-4737
이 메 일 | supexsam@hanmail.net


펴 낸 곳 | 시산맥
펴 낸 이 | 문정영
등록일자 | 2009년 4월 15일
주    소 | 03131 서울특별시 종로구 율곡로 6길 36, 월드오피스텔 1102호
전    화 | 02-764-8722, 010-8894-8722
전자우편 | poemmtss@hanmail.net
카    페 | http://cafe.daum.net/poemmtss

ISBN | 979-11-6243-645-5 (03810)


값 15,000원


■ 이 책은 전부 또는 일부 내용을 재사용하려면 반드시 저작권자와 시산맥사의
동의를 받아야 합니다.